霊能開発法

松原皎月

解題

本書は松原皎月著『霊能開発法』の復刻である。

著者松原皎月は本名を松原剛といい、明治四十一年の生まれである。十五歳頃より各地に残る真法、古伝を求めて全国を歴遊、その神秘的霊能手腕は高く評価され、かの福来友吉が取り締まる昭和四年の「全国新興精神療法家番付」では、帝国心霊研究会会長・桑田欣児とならんで、じつに一万三千五百三十五票の投票をもって横綱におされている。大正十三年一月に「洗心会」を創立、昭和三年に会員に「霊術講座」全三巻を頒布、昭和五年には、これを「霊術大講座」と改称、全七巻として頒布した。

本書は昭和十年十月に出版された「霊術大講座」第一巻『霊能開発法』第六版を底本とした。昭和五年発行の初版本は僅か一六四ページにすぎず、増補され二五〇ページとなり、より充実した内容を持つ第六版を用いた。

当社では昭和六十三年に、本書に加え同著者『神伝霊学奥義』『霊の御綱』を一冊にまとめ『神伝霊学奥義』として刊行したが、今般は、これを分冊としてあらたに発行することとなった次第である。なお、『神伝霊学奥義』の巻末に全体的な解説を収録したので参照されたい。

編集部

頭山満翁筆『洗心』（『霊能開発法』口絵）

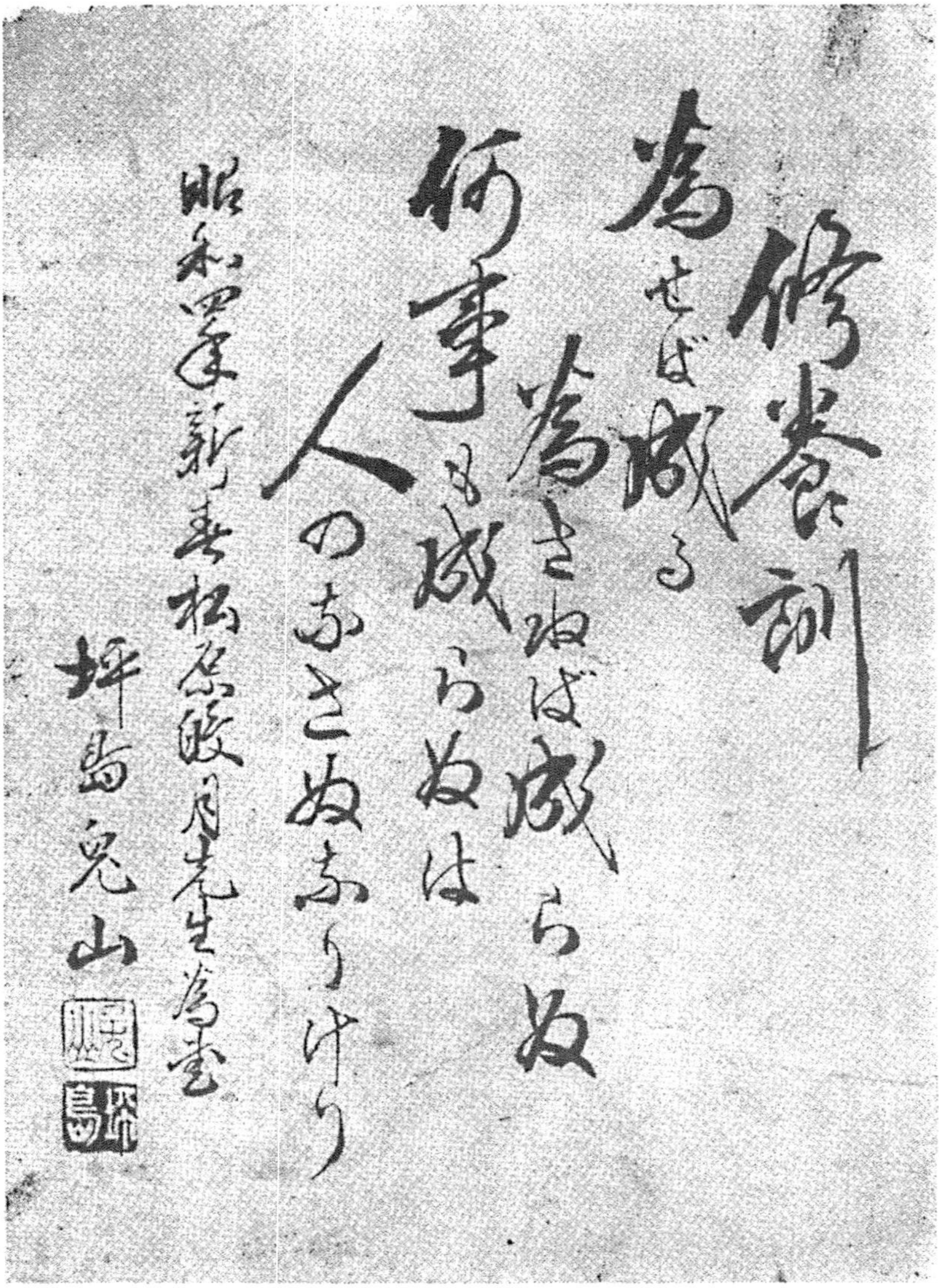

書家 坪島兎山氏筆(『霊能開発法』口絵)

序

心靈術は特種の技術にして其理想も亦高遠なるものなり。本書は之を說くに極めて平易に且つ實際的に記述し一讀能く其神髓を會得せしむるに足るは著者努力の體驗と深き修養の發露にして斯道に志ある者の好指針なり。

近世科學の進步は駸々乎として其止まる所を知らず物質的文明は眞に驚嘆に値するものあり。化學者は物質構成を明かにし以て種々高級なる有機體を合成し理學者は電氣及光等に關する研究を進め以て從來奇蹟と認められたる事實を着々として實現し得るに至り科學の力に據りて人工人間たるロボツトを作成せんとし既に一部を完成するの域に達せり。

翻つて心靈界を見るに遲々として進まざるの感なしとせず然るに本書の如きは靈界の謎として不可解視せられたる幾多の事項を闡明し得たるは蓋し其稗益する所尠なからざるべし。只本講座は解說する所極めて廣汎なるを以て讀者能く之を正解し熟讀玩味すれば大悟する所あるべきを信じて疑はざる所なり茲に所感を綴りて序となす。

陸軍一等獸醫正　橋本庄太郎

除草洗心

雑草を刈らずんば美田も荒蕪に歸す。園圃の雑草は諸人よく之を刈る。然れども心田の雑草を刈る者は極めて稀なり。胡思亂想は心田の雑草なり。惡意劣情は心田の雑草なり。怨恨、不平、瞋恚、悖逆、悉く是れ心田の雑草なり。心田雑草離々たり易し。良智を磨いて利鎌となし、以て之を刈るべし。修養とは畢竟心田の雑草を刈るの謂耳。

汚染を去らずんば綾羅も鶉衣に劣る。衣服の浣洗は諸人よく之を努む。然れども靈性の汚染を濯ぐ者は極めて稀なり。邪思妄想は靈性の汚染なり。狡智慾念は靈性の汚染なり。嫉妬、懊惱、貧婪、我執、悉く是れ靈性の汚染なり。靈性汚染斑々たり易し。善言を貯へて清泉となし、以て之を濯ぐべし。鍛錬とは畢竟靈性の汚染を濯ぐの謂耳。

『五十鈴川清き流のすゑくみて、心を洗へ秋津島人』

畏し明治大帝の御製。われ肅みて答へ奉る

『畏みて心洗はん神風や、みもすそ川の清き流に』

洗心會の主義に贊して　芳賀八千穂

目次

第壹編　靈能開發法
第一章　洗心流心靈術の目標……（一）
（一）洗心流の二大別
（二）洗心修靈法とは何か
第二章　洗心修靈法の基礎……（七六）
（一）洗心修靈法の歸着點
（二）無念無想に對する誤解
（三）精神統一必成の極意
（四）型式に捉はれな
第三章　靈氣吐納法……（九二）
（一）靈氣吐納法の靈的觀察
1、靈氣吐納法とは何ぞや＝2、靈氣とは何ぞや
（二）靈氣吐納法の心理的觀察
1、精神修養人格改造法として＝2、精神統一法として＝
3、膽力養成、判斷力增進法として＝4、諸藝の上達法

（三）靈氣吐納法の生理的觀察
1、肉體に及ぼす效果＝2、呼吸の學術的分類＝
3、息の仕方について＝4、充力について
（四）正　坐　法
（五）胸式吐納法
（六）丹田式吐納法及胎息法
（七）觀念式吐納法
（八）體力增進法
（九）陽氣吸集法
（十）氣　合　法
第四章　凝　氣　法……（一三四）
（一）殘像凝氣法
（二）算秒凝氣法
第五章　觀　想　法……（一三九）
（一）洗心默想法
（二）淨身觀想法
（三）仙藥觀想法
（四）光明觀想法

（五）聽音觀想法
（六）錯覺觀想法
（七）修業に要する日數

第貳編　精神感應術

第一章　精神感應術解說……（一四九）
（一）觀念力發動の妙術
（二）否定論者への呈言（科學と靈學の握手）
（三）思想傳達に關する學說
（四）感應の法則
（五）念力の惡用と其防禦法
（六）思念は如何になすべきか
第二章　精神感應術自感法……（一七〇）
（一）最高度最有効の自己暗示法
（二）靈棒開閉自在法
（三）身體屈倒法
（四）鐵身硬直術
（五）不隨不動術
（六）重量變換術

（七）體上術
（八）靈動術
（九）自動式治療法
（十）速歩行術
（十一）雄辯説服術
（十二）時間的中法
（十三）膽力增進法
（十四）脈搏停止術
（十五）冷熱自在法
（十六）靈魂飛遊法
第三章　精神感應術他感法……………………（一八四）
（一）最强度の傳想祕事
（二）催眠者自在法
（三）接觸傳想術
（四）精神ラヂオと讀心術
（五）觀夢傳想法
（六）靈呼術
（七）靈斥術

（八）靈引術
（九）足止術
（十）遠隔傳想術
（十一）行衞不明者呼戻術
（十二）惡人靈縛術及人心服從術
（十三）忍術及分身術
（十四）動物感應法
（十五）念寫其他の心靈現象
（十六）物體念動法
第四章　靈感法……（一九八）
（一）靈感豫言法
（二）相場上下鑑定法
（三）コックリ術
（四）水晶凝視法

第參編　神傳靈術の研究

第一章　鎭魂法……（二〇三）
（一）鎭魂法と諸法との對照
（二）鎭魂法の意義

（三）鎭魂玉の撰び方
（四）印の組み方
（五）實習の方式
（六）鎭魂法の應用
第二章　神人感合法……（二三）
（一）無神無靈魂主義の惡弊
（二）心靈術と神靈術
（三）心靈及靈魂の存在
1、靈魂の轉生は事實か＝2、憑靈治療＝3、法外の大力＝4、未知の人の訪問其他
（四）靈界祕聞
1、神樣の階級＝2、神樣の能力＝3、正神と邪神の別＝4、稻荷降しやお大師樣の正體＝5、邪靈の演ずる芝居＝6、精神異狀者となる理由＝7、行者の心得べきこと
（五）實習方法
1、神懸りの極意とする所＝2、自感法＝3、他感法＝4、神感法
5、神人感合法の目的
第三章　洗心行者靈盟誡……（二四二）

靈能開發法

洗心會々長　松原皎月述

第壹編　洗心修靈法

第一章　洗心流心靈術の目標

(一) 洗心流の二大別

先づ本論に入るに先立つて、簡單乍ら洗心流心靈術の目的について、お話し申上げたいと存じます。

凡そ何事を爲すにも、先づその目的を確固《しつかり》と樹てゝをかねばなりませぬ。でなければ徒に迂遠な時日のみを費して最後の到着點がわからなくなつたり、横路へ脱線してしまふ虞れがあるからです。

殊に靈法の修養に於ては、特に此の目標を明瞭に定めておきませぬと、一定の信念も出來ませぬし、且又靈妙不可思議なことさへすれば靈術の目的は達されたのであると誤解したり、他人の病氣を治療するのが靈術であるなどと、とんでもない誤解に陷り、行けど進めど、山又山の嘆を繰返さねばならぬやうなことになるのであります。先づこの點に諸君の御自重を願ひます。

さて洗心流心靈術を二大別しますと、洗心修靈法と心靈治療法の二つになります。

洗心修靈法と云ふのは、主として己れ自らが修する人格完成法（心身圓滿調和法）のことでありまして、

心靈治療法と申しますのは、洗心修靈法によつて具現した所の靈能力や、獨特の靈術――即ち催眠術交靈術氣合術靈壓法自然運動法――等を用ゐて、自他

の疾病悪癖《しつぺいあくへき》を救濟する所の法術であります。然して本會の心靈治療法は、生心靈三密具足の綜合的治療法でありまして、多分の特徴を有する本會獨特のものでありますが、私は是こそ眞の治病法であると確信してゐます。此の事については、いづれ第三卷心靈治療法に於て詳論することゝしまして、一たい斯道は何法によらず、元來が口頭《くち》や文筆《ふで》で簡單にあゝそうかと理解して頂く性質のものでなく、實踐躬行修養に修養を重ね、各自體驗を以て如實に知つて頂く性質のものであります。

(二) 洗心修靈法とは何か

本項では、毎月三日より七日までの五日間、本部大道場に於て開催の、實地敎傳會席上に於ける筆者の講演速記錄一篇を以て著述に代用することゝ致しました。

靈道の三階段

諸君、私が洗心會々長松原皎月であります。今回は御多忙の處を斯く賑々しく御參會下さいましたことを深く感謝致します。只今より洗心流心靈術の目標論について一時間ばかりお話申上げ、それより實習實驗に移りますから、ドウかお樂にして聽いていたゞきます。

コウして茲にお集りの諸君は色々な目的のもとに、本會の敎傳に御出席のことゝ存じます。自己の病氣を治さんが爲め、或は他人の病氣を治す療術師になりたい爲め、或は靈學の深義を探らんが爲め、或は煩悶を解決せんが爲め、或は神通自在の不思議なことをやりたいが爲め、など〻種々樣々のことゝ思ひまするが、今回五日間の敎傳會によりまして、それ等の人の悉くに充分の御滿足を與へ得ることは、過去數千の敎傳生の優秀なる成績に徵しても明らかでありますが、然らば、洗心流は病氣を治したり奇蹟を演じたりするものか、といふ質問が起る筈です。成程、旣に數千の療術師を養成し、又透視や念寫などをやらかす神通力の所有者も尠からず出來ましたが、もとよりそれは洗心流研究の副産物でありまして、丁度東京からお出でになつた諸君は、この姫路へくるまでに、途中に於て熱海の風景を見ることも出來、或は濱松附近の海の美觀にも接することが出來れば、白砂青松を以て名高い須磨の浦をも通過し、もし諸君の御氣分が向けば途中下車をして遊ぶことも出來るのですが、これらは諸君の目的ではない筈です。姫路へくるまでの途中の副産物です。靈道研究者の中には、究極點に到る修養を怠り途中で道草を喰つてゐる人が相當多いのでありま す。然らば靈道研究の究極目的は？　曰く、靈格の完成であります。靈格の完成とは、智情意健富聖の六ヶ條の圓滿具足の謂であります。

大體靈道研究に三ッの階段があるのです。

その一を　疑惑門　といひ

その二を　體驗門　といひ

その三を　入神門　といひます。

疑惑門といひますのはコウしてお集りの大部分の方がこの階段でありまして、將して五日間の短日で出來るか知らん、松原といふ奴は山師ではなからうかといふやうな疑惑に充ちてゐる境地のことであります。二三日する裡に彼是と全部實驗をすませ學理がわかつて參りますると、第一諸君の顏色から變つてきましてね、いかにも嬉しさうな抑へても〳〵喜びが抑へきれない境地になり、昨日までは私が一つの實習を命じても澁々やつてゐたものが、飛びついてやるやうになりメーイと思はず眞に迫つた氣合の一つも出てくるのであります。かくして早くも諸君は體驗門に入るのであります。この體驗門は大分永いことつゞきます。否、中には一生を、單なる營業的治療家、營利本位の透視術家として體驗門のみで、深き眞理を悟得せず、眞の喜悅《よろこび》を得ずに了つてゐる者もあります。色々なことが出來るやうになり、靈能の世界が眼前にパッと開けてくるとサア面白くてたまらず術技の研究にのみ沒頭し、莫大な金を投じてまで奥義だ祕傳だ、洗心流以上の特別大極祕だ、と自己現在の無上の靈寶に磨きをかけることを忘れ、末節枝葉的な技巧、所謂靈術屋の最高極祕の追究のみで一生を了つてしまふのであります。幸に體驗門に於て、靈術の極意とは徒らに奇を弄することのみではない、いかなる祕法技術を覺えても、それを運用する術者の人格力、即ち感化力なくんば所詮猫に小判である、自己の靈智、靈能、靈格すべてに磨きのかゝつた時、初めて一切の術は神祕無上の活物となるのである、といふ大極意を悟り、竟に入神門に至るのであります。

入神門とは、初め靈法靈術の研究より發し、やがて靈道即修養道也との自覺に到り靈格の完成に精進する境地であります。

然らば靈格の完成とは？　曰く次の六個條を圓滿具足するを以て靈格の完成者と申します。尤も之は私の獨創的見解でありまして、或は重複と誤りがあるかも知れません。

智、靈智、靈覺の完成を目標とす。
情、情操意識（道德的、美的、智的）の完成を指す。
意、意志力の訓練をなし信念の確立を期す。
健、心身兩面の無病健全なることを靈格完成の一要素となしたり。
富、主として善解、知足安分、感謝の工夫を謂ふ。
聖、神國日本の根本的理解、皇民意識の樹立、神人合一の極致を謂ふ。
以下その各項目についてお話申上げます。

智

茲に述べんとする智は、世間通例に呼んでゐる智惠才覺のことではご座ゐません。若し然りとすれば、世上、大學を出て、洋行の一つでもしてきたものは悉く靈格の完成者である道理ですが、それ敎育本來の使命たるや智育、德育、體育の三ヶ條完成にあるので、近頃の如く、専ら視聽の學のみに趣く有樣では

「學は知るにあり、而して行ふにあり」といふ學問本來の神髓を求むること不可能でありまして、やゝともすれば『學は知るにあり、而してシャベルにあり而して迷ふにあり』といふやうな結果になり、私の提唱する智とは、大分隔たつたものになつてくるのであります。

眞宗の御文章の一節に『それ八萬の法藏を知るといふとも後世を知らざる人を愚者とす、たとひ一文不知の尼入道なりといふとも後世を知るを智者とすといへり』とありますが、實に至言でありまして、たとひ如何に視聽の學に秀でてゐても、その學を使用するには御當人の靈性が働きかけねば無用の長物となります。否、無用の長物どころか、却て學問のために、智識のために惱むのであります。之に反し、たとひ身は、いろはのいの字さへ知らぬ無學者であつても、その人の平素の修養よろしく、事物の眞相を見わけることの出來る靈智が——換言すれば正念正見の工夫が出來て居りますならば、それこそ眞の智者であるのです。

嘗つて織田信長、城中の一室にあつて書見中、何かフト用事を思ひ出したものか『誰か居るか』と控へ室に向つて呼びかけました。直に一人の小姓が『何か御用で御座いますか』と參じましたが、何故か信長一向に用事を申附けませぬ。小姓、さては自分の耳の聽き違ひであつたかと靜にそのまゝ元の室へ退りました。

すると間もなく再び『誰か居るか！』と信長公のお聲です。今度は前と違ふ御小姓が、型の如く罷《まか》り出たのでありましたが、今度も亦小半刻《こはんこき》ばかりも經つても何も御用を仰せつけられませぬ。やがて此の小姓も手持不沙汰に退出してしまひました。

三度び『誰ぞあるか!!』と鋭いお呼びです。竝居《なみゐ》る小姓達、互に顏見合せてゐますと、中の一人、諸君の御馴染の森蘭丸が立つて伺向しましたが、例の如く信長公は一切沈默です。蘭丸もこれでは何共仕方がないから退出しやうと思ひましたが、イヤ〳〵斯く三度迄お呼びになる以上必ず何か御用がある のだらう、殿樣は只今御書見中だ、これは私の方から氣をつけねばならぬと考へ、おそる〳〵室内に這入り、さて何か御用は? と見廻してみれば床の間の盛花の花瓣《はなびら》が二片三片落ちて居りますので、拾つて袂に入れ、次に靜に机上の湯呑の蓋をとつて、お湯の有無をしらべ、部屋が蒸せてゐたので少しく障子を開いて涼風を入れ、ソッと退出した所、それが大層お氣に召したといふことです。

信長公は元來短氣の人、蘭丸も隨分と思ひきつたことをしたもので、單なる頓智などではなく自己靈性の閃くがまゝに行動したのでせう。命ぜられたことのみ、言はれるだけのことしかせぬは凡人。

嘗つて內閣總理大臣たりし清浦奎吾伯爵閣下は今年八十六歲の高齡を以て

す。

末だ立志時代のこと、暫く神戸市に於て巡査をせられし由を承はつて居りま

なほ矍鑠《かくしやく》として、常に邦家のために盡瘁されて居りまするが、この清浦伯の

當時、他の同僚巡査達は次から次へと如何なる小違反でも巡査手帳に書き

上げてゆく有様ですのに、獨り清浦巡査の手帳のみは一向に何等の事件も記

入されない、時の上官がこれを不思議に思ひ、或日のこと、清浦巡査と面識

のない、新入の一刑事を尾行させたのです、尾行を命ぜられた刑事は一策を

案出し、清浦巡査の巡回區域にある禁漁池の傍に隠れて清浦巡査の來るのを

待ちました。この刑事の考へでは、清浦巡査の面前に於て、魚類捕獲を嚴禁

されてゐる此の池へ網を打たうといふ魂膽です。

やがて豫定の如く網をうちましたが、その時清浦巡査曰く『オイ君、網を

洗ふのはこんな所で洗つてはいけないよ』と、たゞ一言《ひとこと》！　あとを見ずに行

つてしまひました。尾行の刑事歸りて上官に曰く『部長殿、あの調子では全く惡いことは出來ません、誰でも改心するでせう』と。

警察官吏の中には、罪人を檢擧することのみ汲々たる者も二三あるかに見受けられますが、清浦巡査の如きは警察官の仕事は決して犯罪人を捕へ罰すことのみではない、犯罪人を出さぬやう、世の中を淨化するのが警察官の本領であると、自己職業の天分を充分に自覺して治安に當られし次第でありますが、もとより、自己職業の本分を忘れ、その地位を惡用して收利に專らなる俗智の輩のなし得ざる所であります。

前二例を以て聊か靈智の片鱗をお話申上げましたが、この靈智靈覺の發する所、一切の術法道教學に深甚速達の靈光を放つのでありまして、これなくんば單なる形骸に過ぎませぬ。釋迦が菩提樹下に於ける大悟も、キリストの開教もゲーテの詩想に於て、トルストイの文想に於て、いづれも靈智の閃きならざるはありませぬ。私共が虚心坦懷の心境を以て、求めて倦まざる時、やがては神意の閃きに觸れ靈智の明鏡に忽然明悟するに至るのです。諸君が洗心修靈法に精進して、靈能の開發に努力せらるゝに於ては、諸君現在の兩眼以外に神眼開け靈耳備はり、見るもの聞くもの一として靈智の琴線をうたざるなく、一切の學理を超越して理屈抜きに最後の極意を明悟し、所謂、眞宗御文章にある一文不知の男女が一躍にして大智者となり、更に豫て學ある者は茲に於て始めて其學を完全に消化し吸收し同化し運用自在の境地に到達するのであります。

この敎傳會に於きましても、私は本日より五日間、晝夜兼行、滔々千萬言を費し、或は數百種の實驗を示し、以て諸君の靈能開發に資せんとするものでありますが、この中には『ドウも私は記憶が惡くて右から聞いたことは左から突抜に忘れてしまひますが、これでも覺えられるでせうか』と、言はんばかりの方も二三あるやうですが、こゝが肝腎な所で、諸君は表面の記憶力ばかりに賴つて詰め込まうとするから、さういふ心配も起るので、私がお話し申上げた靈智の眼を開いて聽いていたゞかねばならぬのです。

實を申すと、私の話す處などは全部筒抜けに忘れてしまつてもよいのです。記憶は幾ら惡くても少しも差支へありません。斯言へば怪しむ人もありませうが、理論や理屈といふものは家が建つまでの足場です。家が建つてしまへば足場は不要です。今から諸君の靈能を誘導して、心靈開顯の殿堂を築かうといふのですから、その足場として、私の精魂のつゞく限りは說いて〳〵說きつくしやつて〳〵やりぬき、出來得る限り頑丈な足場を作ります。やがてこの足場が完成する頃には中味も竣功致します仕組みになつて居りまして、聽いたことは殆んど忘れてしまつてゐるのに、あとにはチャンと、切つても突いても消滅しない信念と靈能が輝いて居ります。だから失禮な申し分《ぶん》ではありまするが、わかつても、わからなくても、一心一向に講義に精魂をブチ込んで下さらねばなりませぬ。わきめもふらず只管に私の講義に對し全氣全念でありさへすれば、よしんば諸君現在の表面意識は之を全部消化し得なくとも、諸君の靈智は完全に之を消化します。小學校さへ行かれなかつた人でも私の敎傳で大成功して居ります。『私はまだ大講座を讀んでゐませんが、わかりますか』などいふ人もありますが、失禮ながら本の讀み方を知らぬ現代人といふものは（神傳讀書術といふものあり）何拾册何百册讀んでも空讀みで、だから本會の大講座を全部讀んだとか、他會の本を一通り全部讀んだなど稱する人々に對しても、全々初心の人に對しても、私の指導精神上毫末も相違をつけて居りませぬ。一心一向にさへ受講下さらば靈界博學の士も、全々初學の士も必ず極意に到達することを保證してをきます。

情

花を見て美しいと思ひ、月を見て淸らかに感ずる、この情緒をば趣味性と申しまするが、私達お互は必ず何等かの形式に於て、この趣味性を滿足せしめんとして居ります。

和歌俳句書畫の類に心を寄するのも趣味性なら、近頃流行熱を高めてきた朗吟なども方に趣味性であり、斯く申す私は靈道修業に無上の趣味を以て研究を初めたのが抑々今日への發端であつた次第であります。

所が一方、美しい着物を着ることのみ腐心し、顔のみ美しい妻を伴ふを以て誇りとし、汽車旅行ならば一等車か二等車に乘らねば身の汚れである、と考へ且つ實行してゐるのも、それはその人の趣味性に相違ありません。隨分無理な算段をしてまでも此の趣味性の滿足と向上に力めてゐる人がありますが、これ一に唯物萬能思想の餘弊に他ならず、眞に低級なる趣味性であると申せます。

良寛和尚などは、この點に於て實に徹底した傑僧でありました。

越後國國上山《くにかみやま》の五合庵に住してゐた良寛は徹底的自然生活者で、その室内

にある品物といへば擂鉢たゞ一つで、この擂鉢で米も研げば味噌も擂る、顔も洗へば室内の掃除もするといつた有様

焚くほどは風が持てくる落葉かな

と口吟んで平氣であつたのも此頃。春は良寛にとつても此上なし樂しかつたのです。

かすみ立つ永き春日に子どもらと手毬つきつゝ此日くらしつ

飯乞ふとわが來しかども春の野に菫つみつゝ時をへにけり

彼にとつて食の乏しいこと位は何でもなかつたのです。五合庵に於ける良寛の生活は實に靜かな、そして滿ち足りたものであつたのです。

或夜のこと、良寛の住居へ一人の泥棒が這入りました。和尚は更に動ずる氣色なく『氣の毒なことぢや、わしの處には何もないわいせめてこれなりと持つてゆきなされ』と、いかにも申譯なきが如く身ぐるみ脱ゐで泥棒に與へ

ました。時は恰度冬の頃で二三日過ぎると俄に寒くなり、氷雨さへ降りしきるのでした。良寛は先夜の泥棒の身の上が氣にかゝつてならず、

いづこにか旅寢しつらむぬばたまの夜のあらしのうたてさむきに

と心から泥棒の行先を案じてやるのでした。

金殿玉樓に座し美酒佳肴に醉ひ、醉へばダンスホールにカフヱーに、或は撞球に麻雀に耽溺するのみが趣味性ではないのです。良寛の心境に到達するならば一木一草の動きも無上の趣味であり喜悦であるのです。昔の哲人が、人間が如何に美しく着飾つても自然の花の粧ひに及ばざることを喝破して居りまするが、實に心をひそめて見るならば、黄に赤に紫に其他色とりどりに咲き出でたる花の美はしさは實に美の極致であり、更に天界に囀ずる小鳥の音樂と謂ひ社頭の森の有する太古ながらの尊さなつかしさ有難と謂ひ、自然の風物は私達の趣味性に無限の滿足を與へてくれます。

段々と洗心修靈法を重ねてきまする裡に、人間心理の妙用を悟るやうになり飜然として趣味性の向上した人が澤山にあります。

井上某といふ御婦人の會員、此人從來は、御主人が財産を有せらるゝまゝに、御夫婦競爭といつた有様で、私が前段申上げたやうな餘り芳しからぬ趣味性に沒頭して居られたのでありました。所が御緣がありまして本會の教傳會に出席せられてより、深く靈的に内省されました結果、大いに啓發せらるゝ處ありまして、過去のダンスホール通ひは、洗心修靈法の實習となり、更に今迄女中さんまかせであつた子供の面倒を充分にみらるゝやうになり、過去のドライヴ遊びは變じて三等列車の名社參拜となり、今迄にない愉快な別の世界がひらけてきたのでありました。この變化には、流石に御主人も驚かれまして、その理由をきかれたのでありました。實はコレ〳〵でありますと申された所が、そんな良いことなら俺も覺えてみやうといふことになつて、今度は御主人同伴で敎傳會に出席せられ、深く感ずる所がありしものと見えその夏の暑中休暇には御子息四人を受講に寄せられたのでありました。一家六人特別會員は實にこの御一家のみで、目下は臺灣に移住され、一家皆非常に壯健との御通知がありました。

（第二例）

これも同じく趣味性の極端に變化された會員の實話でありますが、いづれも失禮に涉りますので御住所の發表は一切差控へます。

阿部某といふ人、從來は無神論者で短氣で又よく夜遊びをせられた人、この人も本會の敎傳によつて忽ち有神論者になり今では床の間に天御中主大神樣の御掛軸を掛けて朝夕奉齋の實《まこと》を致され、短氣であつたものも一掃され殊に茶屋遊びの如きは全然廢止となりましたので、經濟的に立て直つてくる、奧樣や御子樣も洗心會樣々で大喜びの由を承つて、私も共にお慶びしたのでありました。今では洗心修靈法の實行と本會傳書の精讀と、本會の教傳會研究會への出席を以て無上の趣味として居られます。

本會の洗心《たまみそぎ》の修行を重ねてゆく時は、その必然の結果として、低劣皮想の惡趣味は必ず消失し、必ずや圓滿なる情操が生れてくるのであります。

更にこの『情』の境地は、これを道德的に說く時は實に同情心の情となるのであります。前揭の良寛和尚の泥棒の行先を心から案じられたのも、椽の下から出てくる筍のために床板を取り、屋根を取つてやつた心境、あれです。

諸君の中には療術師たらむことを希望してゐる人も可成あるやうですが『療術は仁術也』で先づこの同情心といふものを大いに喚起して貰はねばなりませぬ。畏れ多くも光明皇后樣は澤山の癩病人を一人々々御親《みづか》ら手に抱いて藥湯を使はせた給ひたことがありますが、この何ものをも超越した大同情心が療術の第一義諦であります。昔、醫は仁術也とて尊敬せられた醫師各位も今日では金の無いものは相手にせぬ、といつた極端な營業主義を發揮せられたゝめ、もはや今日の醫術は仁術などといふ優《やさ》しみは毫末もなく、純然たる營利業と化し去つて居ります。療術者だとてその通り、何等の同情心もなく、たゞパンを得んが爲めに形式的治療をなすのみとせば、所詮『山師』『インチキ』の稱呼は免れ得ない所であります。衷心より同情の念を以て『治病報國』の大自覺のもとに、治療に專念せらるゝならば、治療することのみでも諸君の靈性は彌が上にも向上するのであります。

　徳川の末期、橋本左内といへば屈指の蘭法醫でありましたが、彼が勉學當時、毎夜の如く夜おそくより外出するので、同學の者達は橋本は良い女が出來たのだらうと噂をしてゐました。ある夜、面白半分に一人の友人が左内の後を尾行しました。それとも知らず左内、天滿橋の處までくると、四邊を見廻してから突然、橋下へ降りてゆき乞食の住居を訪れ「少しは快《よ》いかな」と懇ろに其手をとつて脈をしらべ、病患部を叮嚀に診てやり、やがて藥を與へて立去つたといふことですが一代の名醫橋本景岳は、かくして勉學時代より人の最も侮蔑する乞食の奉仕治療を以て技倆を研磨したのであります。否技倆の修業のみでなく、情の修行が主眼であつたかも知れませぬ。

意

昔、支那に三百歳以上と稱せらるゝ仙人が居りました。土地の領主が、自分は何一つ不自由しないけれども、ドウも壽命だけは意の如くならない。一つ長壽仙人に長壽の祕訣を授からんものと、山中奥深く入つて熱心に傳授を求めた處が其仙人の答へて曰く『私の長壽の祕訣はアレですよ』と壁に何やら書いてあるのを指さしました。何が書いてあるのかと、見てみると、

余は常に青年也

余は常に幸福也

の二行の文字が書いてある。之を眺めた領主、何のことやらわからず考へ込んでゐると、仙人語をついで曰く『私は永い間山中生活をして、浮世のことはスッカリ超越してゐるけれども、時には鹿の鳴く音に誘はれて、ア、俺も歳がよつたものだなア、こんな山の中に一人ボッチで淋しいことだ、と思つたことも以前にはありましたので、そんな時には余は常に青年也、余は常に幸福也と書いたのをみて、之を繰返しく心讀してゐたのです。だが近頃では心中に、青年だ、幸福だ、の二個の信條がいつも一杯で、從つて斯如く健康長壽で心も亦愉快此上もありません』と。この話に領主スッカリ共鳴して仙人の如く思念法を反覆實行して非常に長命を得たと申します。

この道場の入口に懸つてゐる額を見ましたか。何と書いてありましたか。

余は常に青年なり

余は常に幸福なり
余は常に健全なり

と書いてあるのです。私が往年九死の大患時代、何の本にだか右の仙人の逸話がありましたので、早速と私は念字塔といふものを作つたのです。銀行や役場などへ行くと受附とか庶務課と書いた小型の三角塔がありますね、あれが恰度三面になつてゐますから、右の三つの信條を一面に一行づゝ書きつけ、之を念字塔と名づけたのです。この念字塔を寢室にも書齋にも立てゝ置いて、少しでも『我が病氣は不治だ』『自分はこんなことでは迚も長命は六かしいぞ』といふやうな惡觀念に捉はれた時、直に念字塔に眼を移し心を移し繰返し〳〵心讀する換言すれば自己暗示法を合理的に行ふことになるのです。私達の身體機能といふものは私達の思想の延長でありますから行住坐臥常に斯く念じて倦まねば、念じた通りになるのでありまして、流石の大患をも私は立派に征服し、最近では風邪一つひかぬといふ健康體で、することと爲すこと一として意の如くならざるなく、私をして謂はしむれば浮世はまゝにならぬ所か、意の如くなり過ぎて氣味が惡い位であります。

むろん、私だとて時には凶事もあれば失意するやうなことも起りますが、私の考へでは、成程正邪善惡は嚴たる對立的存在ではあるけれども、神は惡に根底を與へ給はず、惡の存在理由は、善の價値をヨリ大きく感覺せしむるためであると解釋して居ります。惡の存在をばヨリ良き善を發揮せんがための鞭韃であると解せば少しも苦痛にはなりませぬので、却て時にとつての刺戟劑となり一段と向上させられるのであります。然るに、少しの不運不幸にもスグに屁古垂れ、自ら求めて益々惡《あ》しき結果をのみ想像し觀念するに於ては、所詮天國實現は不可能のことで、まゝならぬ浮世であるのです。

斯如く、我々の念じたたことが、そのまゝ事實となつて現はれる消息を、神道では「思ふこと成就せずといふことなし」と喝破し、佛教では『心に願をもて願は叶ふ』と述べ、儒教には『苟くも仁に志さば惡しきことなし』と道破してあります。私も先哲の教へに倣ひまして、十數年來、

念ずれば必ず現ず

といふモットーを、洗心流の第一義として提唱して居ります。善事を念ずれば必ず善事現はれ、惡事を念ずれば必ず惡事現はれるのであります。

念ずるといふことは、單にそう考へてゐるだけであつたり、漠然と思つてゐることではありませぬ。ある一事を簡單に、明瞭に、反覆して積極的に、强く思ひつめることであります。觀念法の法則を知らない人の思念は實現力が乏しいのみでなく、時には反對の結果を招くこともあるのです。このことは教傳中自己催眠の條下に於て詳細を論議し、諸君の思念が即座に事實となつて現はるゝ祕傳をお傳へ致しまするが兎も角、私共が訓練されれたる意志力を以て、少

しも疑ふ所なく、動ずる所なく、念じて俟まぬ時は、偉大なる力となつて顯現するのです。正しく信じて更に動ずる所がなければ、これ以上偉大なる力はありませぬ。

人間處世の第一要訣は？と問ふ人あらば私は即座に答へます。曰く、力を以て押しきることだ、と。されば、暴力ある者は暴力あるが故に何者をも怖れず、金力ある者は金力あるを以て凡てを解決し得ると信じ、權力あるものは權力の前には何物もなし、と自惚れて居りまするが、兎も角自惚れにせよ、いづれも自己一流の處世哲學を築き上げてゐるのであります。

だが、私のいふ力とは、そんな暴力や、金力や、權力ではないことは申すまでもありませぬ。斬つても斬れぬ、燒いても突いても踏みにじつても滅せぬ信念力のことであります。

ガリレオが地動說を提唱したる時、國王の權力と武力を以てしても、猶最後に彼が叫んだ言葉は何であつたか！　龍の口、首の座に据ゑられし日蓮が、今やその頭を刎ねられんとする時音吐朗々彼の口を衝いて出でたる七字の題目は何であつたか！

英雄と言ひ、偉人といひ、烈士と謂ひ、義人と呼ぶも、それは結局、凡ゆる艱難、凡ゆる恐怖をば確固不抜の大信念を以て克服したる人に與ふる名稱であるのです。私共が人生の荒浪の眞つ只中に一度び飛び込みました以上、信念の抜手をきつて、この激浪と闘ひ抜くの一事あるのみであります。

安全第一主義、事なかれ主義の退嬰的思想は吾人の與《くみ》せざる處であります。

　憂きことのなほこの上に積れかし限りある身の力ためさむ

先月、我が兵庫縣では楠公六百年祭の催しで何處にも彼處にも『非理法權天』の旗印で賑はしましたが、この非理法權天が何のことやら一向に知らぬ人が多かつたのは遺憾でした。

私は之を上から棒讀み式に獨斷式解釋を致して居ります。即ち、非は理に勝たず、理といへども法の前には敵せず、法は權にかなわず、權と雖も天の前には頭が上がらぬ、といふことで正成公は天威を敬ひ畏れて居られたものとみえます。大南洲の愛句、敬天愛人の四文字も此邊で諸君の腦裡に浮んでくる筈であります。

天の力！　これには權力も金力も武力も遠く及ぶ所ではありませぬ。先刻合唱したした靈誦の一節に『宇宙の靈氣鐘りて人の心をなすと觀ずればその微妙なるや以て天地に參ずべく、その靈能なるや以て神明に通づべし』とありましたが、天の力は人の心の上にも宿り給ふのです。私共の忠魂義膽より發する大觀念力は、とりもなほさず天の力であります。大楠公七生報國の大觀念は凝結して魂魄となり、後世幾多の忠臣烈士となつて現はれたのであります。

茲に於て渺《びやう》たる一人間の測り知るべからざる力の源泉が那邊にあるかもわか

つて參りますので、初め小我の信念より發して終《つひ》に永劫不滅の國家的大信念に到る、あゝ偉大なる哉と叫ばざるを得ませぬ。

而して、意志力とは、常に善念を發し、念じて倦まざる大努力を指して與へたる名稱のことであります。

健

我が神洲大日本皇國の、肇國以來の一貫せる本領は彌榮《イヤサカ》であります。故に私達國民たるものいかなる境遇、いかなる職業の者といへども、その各自の職業に一所懸命努力して彌榮の本領に添はねばなりませぬ。それには大いに心身を養生して出來得る限り長生きをし、熟練といふことにより各自の職業上の能率向上をはかることが大切であります。この彌榮生久の意味から論じまするに、一、若い人で失業してゐる人は罪惡であります。こういへばスグ『俺は働かうと思つても仕事がないんだ』といふ人もありませうが、それはよく〳〵考へてみれば其人の研究心の不足か、不平さうな暗い顔をしてゐる心の貧しい人か、その他どこかにきつと缺點があるから人が使つてくれぬのであります。

一、働き盛りの人で、自分の仕事はツマラヌといつて怠けたり迷つたりしてゐる人は罪惡であります。

一、金が出來たからとか、或は先祖傳來の財産があるといふて、何もせずにブラ〳〵してゐたり、六十や七十位で隱居氣分を出して樂をしたがる根性は罪惡であります。人間は死ぬ一秒間前までゞも働ける以上は必ず働きなさい。

一、病氣のために働けなかつたり、飮酒、遊蕩などの度を過して翌日の仕事を休むなどは最も大なる罪惡であります。

一、心の修養不足からして、失業、失戀、家庭悲劇などに氣を腐らして自ら健康を損じたり自殺したりするのは大罪惡です。いつも愉快でニコ〳〵して居るのがよろしいので、必要以上の取越苦勞は罪惡です。

以上のやうな次第ですから、古代の宗教といふものは先づ第一番に心身健康法を教へ彌榮の本義を果すべきことを示して居ります。神典を繙いてみましても太古先づ大巳貴神、少彥名神樣が療病の道をお開きになり、大いに國民の健康保持の方法に御苦心せられたあとが伺はれます。下つては陽成天皇樣の時代からは健康法が組織的に研究せられて居ります。佛典を繙いた人は、その初め釋迦が生、死、病、老の四大不幸、即ち病氣に苦しめられたり老衰の悲哀から解脫せんとして修行に着手されたことは諸君御承知の處であります。キリストなども『世界の富を吾に與ふるとも、吾に健康なくんば如何にせん』と、健康の必要なることを痛切に喝破して居ります。

然るに、現代の宗教や修養法は健康の確立に重きを置かず、專ら心の安立を求むることのみに腐心し、肉體の健康法を講じませぬ。たま〳〵教派神道中では天理教がその病理研究に於て傑出し、專ら治病の上におたすけドン〳〵で力を注いだため今日の大をなしたは極めて見易い道理であるのです。甚しき宗敎や修養法に至つては、精神修養さへ完成すれば、或は死後極樂往生さへ出來れば肉體などはドウでもよいのだとて、病氣でウン〳〵苦しんでゐて不思議に思はず、或は自ら身を瀧に火に、精限り根限り倒れてしまふまで苦しめてゐる愚かなる人々を見うけますがそれ等は正法ではありませぬ。現世に於て、心身共に救濟され、而して死後靈魂の安住を得るものでなくてはなりませぬ。故に神官僧侶、牧師、修養團長等の人にして慢性病を所有する人あらば、それは大なる恥辱で既に他人指導の資格なしと斷定しても過言でありませぬ。成程、急性的輕微の疾患は生理的自然の順應作用であつて毫も怪しむに足りませぬが、苟くも身、靈格者を以て任ずるものが、慢性病にかゝるは、その心の活用に障碍のあるためか、又は躰の攝生自重の足らざるためでありまして、既に靈格の一部を缺いて居ります。洗心修靈法を行ずる吾黨の吉士たるものは、心身凡て無病、先づ現代ならば八九十歳から百歳まで位の天壽を全うせねば嘘であります。洗心修靈法は精神力確立の妙法であると共に、肉體健康法としても卓拔せる効果を奏することは、幾多難病者の甦生によつて明らかであります。

昔、松永彈正は討死に直面しても猶且つ日課の如く三里に灸を點じ、石田三成は捉はれの身となり命旦夕の裡に決する時、生前大好物の熟柿を持參せる者あるも、臨終の生を養つてその柿を口にせずと傳へられて居ります。臨終に於てすらこの心懸けあり、況んや他日爲す處あらんとする者、必ず保健の法を講ぜねばならぬ、これ人の人たるの道であります。

吉田松陰先生は、幼年の頃、信州松代の佐久間象山の伯母の世話になつて勉強してゐたことがありました。當時松陰は、晝夜をわかたず苦學勉勵したものですが、松陰先生の想へらく『後日天下に大事をなし眞に君國の柱石たらんとするものは、徒らに勉學のみを以て短命であつてはならぬ。何よりも長壽をして一日でも多く君恩に報ひねばならぬ』と。そこで彼は行燈の上に湯沸しを吊下げてをき、湯沸しの中へは毎日一定の水量を入れ、その水がチヂーッと沸き立つ時が『九つ』と定めてをきました。そしてチヂーッと沸き立つてくれば、いかほど興が湧いてゐても必ず勉學を了へその湯で鹽湯を作つて飲んで寝についたといふことですが、流石に達人の心得は格別です。

最後に畏れ多きことゞもではありますが、人皇十數代當時までは天皇様初め各臣下達いづれも非常に御壽命が永く數千年、數百年の長生さへあり、諸君御馴染の武内宿禰は三百歳と傳はられ、その他百何十歳といふ壽命は少しも珍らしくなかつたのです。斯如く非常に長い天壽を有して居られたと共に、此時代の天皇初め重臣達御一同は更に一層の養生法として石南茶といふものを常用して居られた。それも今日の酒や煙草でも飲む意味に於てゞはなく、國家の彌榮のためにはドウしても短命では駄目である、一日も長く生き永らへて皇國のため盡さねばならぬといふ義務的觀念のもとに食後之を常飮して居られたのであります。この我等の御祖先の尊き御心に對しても、酒がやめられぬの、煙草がドウしてもやまらぬの、と太平樂をならべ、放恣極まる生活により短命に了ることが如何に罪惡であるかは論を俟たぬ處であります。

因に石南茶《せきなんちゃ》といふのは、シエキナ樹（現在ではシャクナギと發音す）といふ高山植物の葉を採つて製したもので、今でも各所にありますがその製法が四季それ〴〵異る六かしいもので、私共は別にそんな面倒なことをしなくとも、洗心修靈法といふ、それに勝るとも劣らぬ名法があるのですから、今日只今からでも着手出來る次第であります。

富

今度は『富』の境地を說明する順序と成りましたが、諸君は『道具負けの話』といふものを知つてゐますか。

ある俄か成金の隱居が、贅を盡した茶室を建て、その落成祝ひに茶の會を催すべく、所謂取卷連を招待したのであります。何がさて太鼓や提灯を持つことの上手な取卷連のことですから『この天井は實に立派に出來ましたなあ、イヤどうも大變なものだ』とか『實に立派な疊ですねえ』などと、各自大仰な讃辭の雨を降らせました。御隱居スッカリ大欣びで愈々應揚に乙う澄まし込んでしまひました。

所が此處に唯一人何も言はず、さも不愉快らしげに默々として座つてゐる青年があります。得意の頂上にある當家の主人がドウしてこれを見逃しませう。『オヤ、貴方はドウしました、何か一つ御感想をお聞かせ下さいませんか……不釣合な所でもあれば御指導願ひたいもので……』と、言はでものことを申したものですから、その男もやをら座を正して曰く『この座敷は實に結構に出來て居ります。がしかし唯一つ甚だ不釣合で不愉快なものがあります……それは……御主人、貴下の品格です、あまりに道具立てが立派過ぎますので、貴下の人間としての品格が之に釣合はぬ如く考へられます」と。この無遠慮な一言に流石の成金先生も大いに赤面したといふことであります。

諸君、世には外觀の美をのみ飾るを以て富貴とし、内心の富を積むことを怠つてゐる人が實に多いのであります。道具負けや衣裳負けの人が却々多いのであります。

一體諸君、富貴とは何でありませうか。外形が富むことか、それとも内心が富むことか、いづれが眞の富でありませうか。先づ現代世相に就て眺めてみませう。一にも金、二にも金、物質の多きを以て富貴であると解釋してゐるのが現代人の大部分であるのです。

諸君、私の申述べんとする富貴とは、金銭物質を第一とする外形的富貴ではなく、先づ自己心内の富を充實し、この充實せる心の吸引力によつて、外形的の財寶を充實せしむるといふ、内外兩全の眞の富であるのです。

金銀財寶や地位や名譽を有難い、と思ふのも自分が貧乏此上なしの不幸者であると悲観するのも、要は心の上の問題でありまして、心の認めぬ所に歡樂も悲哀も富貴も貧乏もあるものではありませぬ。

而して心に描きし處の觀念は、そのまゝ事實となつて現はれる方則を確と心得ねばなりませぬ。念ずれば現ず、この洗心流標語を忘れてはなりませぬ。心貧しきものは外形的にも貧しくなり、心富みたるものは外形的にも不思議に富み榮ゑてくるのであります。

例へば此處に百萬の富みを有する所謂大富豪があり、甲の會社へ拾萬圓、乙の會社へ廿萬圓何某には何割の利息を以て何拾萬圓の貸付、といつた具合に凡ゆる方面に投資し、毎日々々頭痛鉢卷、ソロバン片手に株價の高低や金利の上下にビク／＼心配してゐる人ありとせば、この人は百萬圓の外形的財寶を有しながら心的方面より言へば、實に貧しき人であるのです。毎日々々を眞に安じて暮すことが出來ず、金錢を死守すべき番人として心身を極度に酷使して軈ては病氣を發したり、或は金錢への執着が餘りに強く、ために他人からの利益話に欺されて失敗したり、株の思惑違ひをしたり、心こそ心惑はす心なれ、この心の心得違ひからして一生を守錢奴として不安な生活を送るのです。

之に反し、長屋住居の貧しい暮しで、身に一錢の貯へもなく、その日〳〵の糧に追はれ勝ちの有樣で、座敷のマン中に放り出された一脚の机が、食膳にもなれば、勉强机にもなり、乃至は幼き弟妹達の木馬代りにもなるといふ、いかにも狹苦しい境遇を連想させられるやうな家庭に住んでゐても、心豐なる人ならば、その實質に於て幸福な、希望のある生活を送り得ることゝ思ひます。毎日毎夜子供達の喧嘩の仲裁に兩親達はホト〳〵持て餘しながらも、子供達の元氣潑溂たることに喜びを感じ、この子供達が大きくなればドンナに成功するかもわからぬワイと、互に慰め勵まし合つて、その日〳〵を力一杯、精一杯、張りのある生活を爲す人ありとせば、そは狹いながらも樂しき吾が家であり、一杯の馳走にも、あゝ美味い、と感じ得る心富みたる人であります。他日爲す處ある人材は斯如き心富みたる人の懷ろより生れ出づるのであります。

一圓の金を百圓に活かし、一杯の御馳走を十杯にして喰べる祕訣も此處にあるのです。

たとへば、夜更けて、ある商店の主人公が一皿の洋食を註文する、一日の勞務に疲れ果てた奉公人達が欲しさうな顏をしてみてゐる。だが俺は主人だぞとばかり叱り飛ばしながら、これ見よがしに喰べる。主人が威張つて奉公人達は辛い辛抱をするのは當り前だ、と考へ込んでゐるやうな舊時代の主人にかゝつては、奉公人達は每夜々々饑じい思ひをせねばならず、そして威張り散らしてゐる主人だつて奉公人達の不平さうな氣分に觸れては大して美味しくもないといつた次第で、折角の馳走を殺して喰べてゐるのであります。これが心の開けた人なら『オイ長吉、モウやめてまあ一口つきあへ』とでも暖い言葉の一つでもかけてやつて御覧なさい。その言葉丈けで滿腹になり、又主人もニコニコしながら喰べるから實に美味しいのであります。心が富んできて感謝の工夫が積めた人は、見る物聞く物皆樂しく、周圍一切が美化されてくるのである。私は此處で西川光二郎氏の『當り前袋』といふ話を引用させて戴きます。否、引用ではない代辯して貰ひます。……（蓄音機に西川氏のレコードをかける）

『その日〳〵を感謝して送りたいものですと云ふと、サウしたいのは山々であるが、感謝しようにも、感謝の種なきを如何せんと云ふものが多い。併しソレは考へ違ひであります。何せかと云ふに、例へば誰でも、其の腰に、大きな〳〵當り前袋をブラ下げて居て、ナンでも、かんでも、此の當前袋に入れて仕舞ふから、有難がるにも、有難がる種がなく、感謝しやうにも、感謝する種なきに至るからであります。

試みに、其の當り前袋を、腰からとりて、逆まにして、袋の中のものを放り出し、幵を一ち一ち再吟味して御覧なさい。其の中には必らず當り前でもないものが見付かります。

例へば大抵な男は、朝起きて顔を洗ふたら朝飯の用意が出來てゐると定めて仕舞ひ、ソレを當り前と考へるのが常であるが、ソレが果して當り前でありませうか。若し女中も大きな娘も留守である場合、急病で家内が起きられぬとして、主人に向ひ、『あなた濟みませんが、今朝、私は起きられませぬから、起きて下さい。朝飯の仕度をして下さい』と云はれたとせば、主人は起きねばならぬでせう。而してたつた一度でも男が久方振りに御飯をたいたり味噌汁を拵へたりすると、忽ち閉口して仕舞ふて、ソレからと云ふものは、朝寝床で目をさますと、一番に近くに寝て居る家内はと見て、既に家内が起きて居ると、先づあゝ有難いと安心します。

又、誰でも、朝飯が濟んで、子供が『行つて參ります』と云つて、學校へ出かけるのを、當り前として居るが、之れも當り前ではありません。若し我が兒が病氣して、起きられぬ朝、お隣りの子供が、『行つて參ります』と、元氣に挨拶して出て行く折の聲がきこえて來たとさせば、其の時の感じは如何でせう。昨日までは内の子供もアヽ云ふ風であつたのにと嘆息し、今日を不幸と思ふにつけ、昨日を幸福と思ふに相違ありますまい。して見ると誰の身の上にも、幸福がないではない。たゞ其の幸福を幸福と知らぬ人が多いのです有難がるべきことを有難がるすべを知らぬものが、多いのであります。』

感謝の工夫を積んで物の價値を味はふ、といふことは、下手に聞きますと、極端なる節儉を强ゆる主義の如く受取れるかも知れませぬが、私は決して儉約を强制せんとするものではないので、使ふべき筋合にはウンと使へといふのであります。過ぎたる吝嗇は、やはり心貧しき人と言へるのであります。洗心流の經濟觀は、一圓の收入の人が一日八十錢の生活をしてゐるとして、それを七十錢に切りつめる工夫をしなさい、などといふやうなケチなことは申さないのであります。今は生產能力過重の時代でありますから、すべての人が切り詰めた儉約生活をしたんでは、一切の產業益々不振となり失業者は巷に滿ち、世は益々不況になります。洗心流では左樣な消極的經濟ではなく、モッと積極的に進まうといふのであります。例へば一日一圓の收入の人は、その現狀に安んぜず何とかして一日に一圓廿錢を得る工夫を案出し、生活費も八十錢だつたのを九十錢にし、豊かな生活をしつゝ而も貯金は一日に三十錢づゝ出來、前よりも餘計に殘るのであります。そしてこの三十錢もたゞ汲々として銀行や郵便局に貯金するのでなく、その內十錢は非常の用意に貯へるとして、あとの二十錢で更に新しい投資をなして、これを生かしてゆかうといふのであります。卽ち積極的經濟法であるのです。私は早くから此のコツを會得してゐましたので十五六歲頃より隨分と思ひきつた金も使つて參りましたが、使へば必ず又這入つてくることを眞に奇妙であります。否、奇妙ではない、出すから入る、入るから又出す、といふ當然の原理であるのです。諸君も夢々吝嗇家などの仲間入りをせず、ウンと金を使つて戴きたいのであります。金を使へば成程一時は自己の金は減少したわけでありますが、その代りに他の者が儲けて居り、更にその儲けた人が又他の方面へ使用し、斯くして金の流通がよくなり、生產力も益々必要となり、その結果は失業者も無くなり、結局自己の顧客も殖へてきて、終に自己が富み榮えてくるのであります。機械文明の發達しない時代に於ては、各會社工場產業場で多くの人が精一杯働いても未だ需要を滿し得ないやうな過去に於ては、少しでも物を使はず物を動かさぬ工夫が必要であつたのですが、現代はそんな時代ではありません。現代に於ては「如何にして富むべきか」はそのまゝ『如何にして使ふべきか』にあるのです。

私の近處に金の二十萬圓もあり、借家の十軒も有つてゐる人で、身はいつも厚司がけで行商してゐる人があり、書飯にも梅干辨當持參で、五錢のウドン一杯すらも喰べず、金を要することなら町内の寄合ひにすら何とか彼とか口實を設けて顏を出さず、而も自宅に於ては二階を學生に貸して自分は手足さへもユックリ伸ばされぬやうな生活に甘んじてゐる人があります。これでは全く金のために働かされ、追ひまくられてゐるやうなもので、成程、儉約は美德の一つではあるけれども、度を過したるものは、やはり心の貧しい人であります。物質のみが人生の凡てを左右するものと解した結果でありまして、あまりにも精神の尊さを知らぬものであります。斯如くして得た金は、心身を磨り減らして得た金でありますから、惜しくて〳〵使へるものではないのです。使へぬやうな死藏金なら結局貧しきと同じく、經濟原理に反する行爲であります。儉約は使ふべき時に大いに使ふための儉約でなければ無意義であります。

實に心の富といふことは必要事でありまして、單に金錢問題のみに限らず、立身成功も、就職も、心富める人には容易に與へられ、心貧しき人には却々與へられません。就職運動などに奔走せんとする者は、立派な履歴書を作製することも必要ではありませうが先づそれよりも内に省みて、自己の心の富を檢べてみることが先決問題であります。

心の富める人ならたとへ安い報酬で無理な仕事を與へられても、いつもニコニコと喜んで精進する、不斷の研究心のある處發明もなければ向上もある、さういふ心掛けの人なら「彼奴は馬鹿に仕事に身を入れてやる、而も非常に明るい氣持のする奴だ」と、キット上役の引立てがあります。心に不平を以て臨めば心の引力によつて益々不平な位置に置かれるのです。

最初から報酬は幾らですか、何時間働けばよろしいか、などと自己の修養も能力も顧みづして厚釜しい交渉をなし、さていよ〳〵就職すれば、時間さへ經てば……と怠ける工夫に專念する、こんな調子でありますから、仕事に對して少しも工夫向上といふものがない、顏を見ても暗い不平さうな顏をしてゐる、これでは出世がおそいのも當然でありませう。

斯樣に申せば『僕の仕事はツマラヌ仕事であつて、感謝しやうにも精進しやうにも迚もそんな餘地なしですよ』と言ふ人がありますが、それこそ未だ富の境地に徹底してゐない人であります。仕事が些細だからとて怠けるやうな人はたとひ本人の希望する職業を與へたとて又直ぐに不平を起すものです。社會主義一派の人々が滔々として制度の改革を叫びますけれども、いかに立派な制度を作りましても、結局これを運用してゆく立派な人材がなければ駄目なことで要は制度よりも人であります。心の貧しき人は如何なる良き職業を與へ、惠まれたる境地に住するとも心中常に不平不滿を有し、心の富みたる人は如何なる逆境にあるとも心常に樂しく、よく難關を征服してゆくのです。

環境を美化する法、致富成功の秘訣は、實に心の富を作ることにあるのです

聖

愈々最後の聖をお話しすることゝなりましたが、ついては此處に一つの問題を提供し諸君に考へていたゞきます。

彼の曉の空にひゞき渡る鐘の音、或は夕に月明を仰いできく鐘の音、共に何とも言へない妙趣を吾人の耳朶に傳へますが、あの鐘の音は一體鐘から發するのであらうか？それとも撞木から鳴り出すのであらうか？……諸君一つお答へ下さい。………

お答へがないやうですから、それでは私が代つてお答へしませう。先づ大抵の人は異口同音に、そりや勿論鐘が鳴るのだ、と申します。鐘といふものがあればこそ鳴るのだといふのです。これが即ち唯物論であります。

〃鐘があります　　撞木があるよ
鐘があるから　　鳴りまする〃

又或人は答へました。それは撞木で撞くから鳴るのだ、鐘といふ物のみあつても、これを撞く撞木、即ち心が働きかけなければ何者も存在しないと唯心論を主張するのです。

〃鐘があります　　撞木があるよ
ドンと突くから　　ガンと鳴る〃

又答へた人があります。世の中のことは凡て物心相關だ、鐘のみでも、撞木のみでも、音はせぬ。鐘と撞木が兩々相寄つてゴーンと鳴るのです、と申します。これが卽ち心身相關論です。

〃鐘が鳴るかよ　　撞木が鳴るか
鐘と撞木で　　ゴンと鳴る〃

諸君以上三者の中で將して何れの說が正しいでありませうか。え、何ですつて、心身相關論に賛成ですつて、イヤ〳〵それでは未だ洗心流が眞に判つてはゐません。洗心流では心身相關のその奥に活躍してゐる靈性の認識を以て最も重要事としてゐるのであります。いつもいふ靈、心、體（靈力體）の三者を認むることを以て正しと致します。

〃鐘が鳴るかよ　　橦木が鳴るか
　鐘と橦木の　　間《あひ》が鳴る〃

鐘が鳴るんじやない、橦木が鳴らすんじやない、その兩者を通じて宇宙の音靈が働いて鳴るのです。天地初發の時より嚴として介在する音靈の靈性が、鐘と橦木の兩者を介して釀し出されることによつてボーンと鳴るのです。

我々人間だとてその通りで、この肉體のみが人間ではなく、また心のみを以

て人間とは申せません。心と肉躰の上に、その根本支配者として存在する直靈（靈性）が眞の自己であるのです。

人間はその初め宇宙の大元靈より靈魂をわかち與へられて出來上がつたのであります。靈魂とは此の場合一靈四魂のことでありまして、この一靈といふのが直靈《ナオヒ》（靈性）であつて、これぞ人間最高の根本主宰となるものであるのです

四魂とは直靈の下に屬する所謂精神の作用でありまして、和、荒、奇、幸の四魂であります。今これを表示してみますと、次の如くなります。

宇宙根本大元靈（天御中主大神）→直靈
- 和魂（親）
- 荒魂（勇）
- 幸魂（愛）
- 奇魂（智）

次に一言説明申上げたいのは宇宙大元靈のことであります。神典古事記の開卷第一に「天地初發之時《あめつちはじめのとき》。於二高天原一成神名《たかあまはらになりませるのかみのみなは》。天御中主神《あめのみなかぬしのかみ》」とありますが、

この天御中主神様こそ宇宙根本大元靈に在します。洗心會に於て奉齋してゐるのも此の神様でありまして、宇宙の大元靈に在しますを以て全智、全能、圓滿完全、無缺の靈能を具備し給ふのであります。

日本國民の誰もが尊崇してゐる天照皇大神様といふのは、この天御中主大神様の直系の御靈孫でありまして、天御中主大神様の御極德を完全に發揮し給へる神様であるのです。

私達お互ひは、この天御中主大神様から靈魂を頒ち與へられ、以て現世に出生してきたのでありまして、換言すれば天御中主大神様の分神分靈であるのです。決して罪の子や凡夫ではありません。私は即ち松原之命《まつはらのみこと》であり、諸君はそれ〴〵木村之命であり井上之命であるのです。諸君は先づ我々が、全智全能完全圓滿無缺なる天御中主大神の分靈であることを確と自覺して下さらねばなり扨て話は元へ戻つて、我々人間の成立をお話し申上げますが、天御中主大神樣から賦與された直靈といふ根本靈性が無機的に顯現したものが精神となり、有機的顯現したものが肉體となるのであります。精神と言ひ肉體と言ふも、本來靈性の一元より出發せるもので、同一物の表裏、兄弟の如き關係にありますので、さればこそ心身は密着不離とか心身は相關であると申すのです。わかり易く言へば靈性の使命を遂行するための道具が肉體で、その使用者が精神であるのです。肉體は靈の生宮であり　心はその生宮の管理人であるのです。ホヽウ我々お互ひ人間は肉體と心だけであると思つてゐたら、まだその奥に靈性などといふものがあつたのかと驚かれる方があるかも知れませぬが、これぞ千古不滅、至貴至尊の神性でありまして、これあればこそ古來の神々の實在も容易に首肯が出

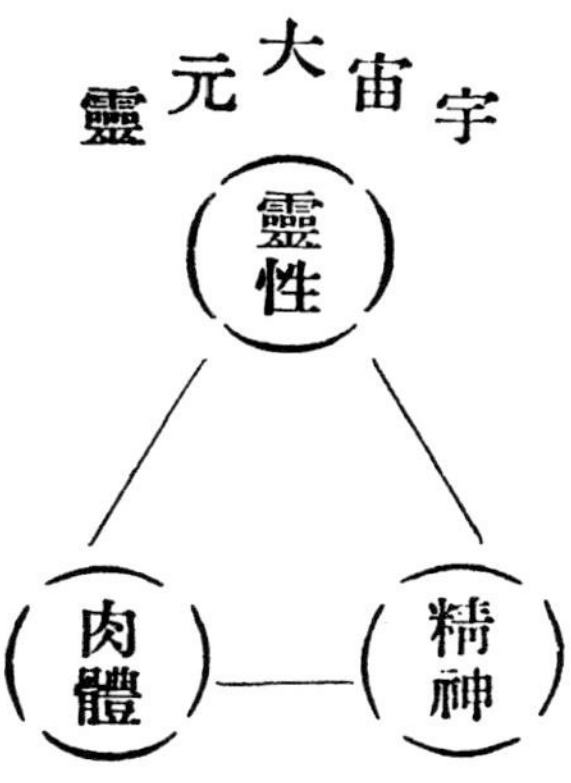

來ますので、人間がたゞ心と肉體のみだとなれば、神といひ佛といふも畢竟觀念上の産物たるに過ぎなくなつてくるのであります。

私は今、この靈性に就て、近世科學の說く電子論より說き起して、電子、靈子、玄子、神……にまで說き進め、必然自己內在の神性（靈性、直靈といふも同じ）をイヤでも應でも摑み出して、如何なる科學萬能論者でも、成程判りましたといふ處まで說明したいのでありますが、遺憾乍ら今朝はその時間がありませんので、いづれ日を改めてお話し致しませう。

諸君が、自己心身を深く〳〵吟味し內省して己れの中に潜む不滅の寶玉たる神性を認識せらるゝことは、旣に諸君が神界への第一步を印せられたのでありまして、私が提唱せんとする聖境への出入でもあるのです。

諸君が常に自己內在の神性を忘れず、靈性を以て絕對至上のものとし、この靈性の命ずるがまゝに行動せらるゝならば、吾れは即ち神と偕にあるの理で、神人合一の生活であつて、吾れ即ち神であります。吾れ神である以上之れより聖なるものはありますまい。之れ實に私の提唱せんとする聖の境地であるのです。

諸君が神の子であることを自覺し、聖の境地に達せられし以上、今迄の疾病煩悶、不幸、貧棒は悉く一掃せられ、行くとして可ならざるなき境地に到達されます。

此の中にも、現在病氣の方があるやうですが、それは一の誤謬であります。神の子である諸君に病氣は存在しません。若し存在するとせば、そは諸君の心の用法よろしからざるか或は體的不養生を重ねし結果でありまして、諸君の根本神性に於て毫もあづからざる處であります。故に今洗心修靈法により心の執着を正し肉體の違和を調整するならば、直靈の力は再び心身兩面に隈なく周流し、人間本來の完全相に立歸ることを斷言します。

嘗つて何かの本で見た實話ですが――黑住敎の敎祖、黑住宗忠師の所へ、三百六十五日の間一日として缺けなく頭痛がするといふ病者が治療を求めに參つたのであります。師はその病者に警告して曰く『頭痛の方よりも十日間以内に足へ大きな腫物が出來る、それが心配だ』と告げて歸宅させました。それから十日間經つて其病人が物凄い權幕でやつてきました。

「先生ッ、あなたは足に腫物が出ると言つたが、十日經つても何も出ません嘘を言つてよいのですか」

黑住師はこの叱問に靜かに答へました。

「頭痛の方は如何ですか？』

『アッ、あまり足のことのみ考へてゐたので頭痛の方は忘れてゐました』

『十日間少しも痛みませんか」

『えゝ痛みません』

『では忘れついでに是からもズッと忘れてしまひなさい！』

これで此の人の常習頭痛は治つたのであります。原因は唯一つ、毎日頭痛を考へ出してゐたのであります。この執着さへ除いてやれば、あとは本來の完全相です。

不眠症の人、私を訪れて曰く『僕は頑固な々々々不眠症です。四日も五日も續けて眠られないのです。催眠術で治して下さいませんか』

と。私は左の如き問答を交しました。

『ナゼそんなに眠れないのですか』

『音が氣になるのです。一寸の音でも神經が興奮するのです。殊に私の家の前を電車や自動車が夜遲くまで通るので困るのです』

『よろしい、それではね、その邪魔になる音をよくしらべて欲しいです。その上で私がそれに適當した催眠暗示を與へてあげます。音をしらべたら一冊のノートにスッカリ記入して下さい。夜、寢床へ這入ると同時に、ノートをひろげ鉛筆を持つて、頭は枕にあてたまゝでよいから、耳障りになつた音の數を、左の略號で片つ端から記入して下さい。

電車の音　○
自動車の音　△
人の話聲　—
ベルの音　｜
人の足音　レ
その他の音　＋

右を五日間絶對に眠らずに統計を採つてみて下さい。その上で深甚の考慮を拂つて治療しますから……怠けて眠つてはいけませんよ、貴下は五日間位の不眠は慣れてゐるのだから…………』

この約束をして歸宅せしめた所、左の書信が來て居ります。

拜啓　先日は御多忙中を種々御講話下され千萬辱く喜び居候。扨てお約束の如く毎日記帳候處、三日目夜より熟睡するに至り今更乍ら我身の程も恥しく、之れ偏に先生の御訓しなりと悟り、今迄の自己の愚さの程身に徹しその後、會社へも出勤致しつゝあり、毎夜熟睡致居り、お蔭樣にて耳鳴りの方もよほど止まり申候その内一度參上萬々御禮申上度候

右の書狀と共に五日間の統計表が添へてありました。

第一日　午後十時半ヨリ就床、午前三時頃に至り、眠ってはならぬ〳〵と思ひつゝ終に就寢、目醒むれば午前七時廿分也。

第二日　午後十一時就床、此日は朝五時迄眠られず、五時より八時迄淺睡、夢多し。

第三日　午後十時半就床。記帳しつゝある裡に、連日の頭腦の疲勞出でたるものか十二時半頃より朝七時迄數年ぶりの熟睡を貪る。

第四日、第五日　眠ることに初めて自信を有したるを以て、記帳二時間迄にして睡魔の襲ふ所となる。不眠症の全癒を自覺す。

靈性本來の實相は、活働もあれば休養もあるべきにて、不眠といふことは本來の相ではありませぬ。この靑年は己の心の捉はれよりして眠れなかつたのであります。我が全身を常に淸淨透明ならしめて、全身一點の心の執着もなき時靈性本來の光明は我が全身にみち〳〵て、心身は圓融無碍たるを得るのであります。

更に諸君は、もはや他人と相爭ふことがありませぬ。何故なれば天地萬物同根にして、みなこれ天御中主大神の分靈である以上、今迄彼奴が々々と怨んでゐた他人が、實は他人にあらずして自己の最も親しき兄弟であることが體得出來るからであります。昨日まで他人を怨んでゐたのは實は我身を怨んでゐたのです。天地の萬物はいづれも親しき兄弟であるとの親和の感念を以て臨む時如何なる人とも相和することが能きるのであります。ことごとに他と相反する如きは、己れの醜き心の影が先方に反映してゐるのであります。自己の心のトゲゲしい所が先方をチクチクと刺戟するから、先方も之に相應じてトゲゲしく向つてくるものと思へば間違ひありませぬ。

〃打ち向ふ人の心は鏡なり
　　己が姿を寫してみよ〃

先方を批難する前に、先づ己れの姿を省みるならば、必ず何程かの相和せぬ精神分子のあることを發見出來る筈です。自己が神の心を以て向ふ時、すべてのものは懐かしみ笑つて接してくれます。彼奴はナゼあゝまで頑固なのだらう、彼奴は實に良ろしくない奴だ、と他人を批難することのみを知り、他人の反省を待つてゐる間は中々うまくゆきません。他人を攻める前に、自己が先づ一心清明の神の御心に立歸つて出直すことです。

神理敎の前管長佐野經彥師は御靈德の高きを以て有名な方でありまするが、此人が裏庭に立つて空を仰げば、雀や鳥の類がその德を慕つて頭や肩などに飛び來つて嬉々として何かを物語るかの如く、表に出づれば犬や猫などが尾を振り咽喉を鳴らして戲れかゝる有樣であつたと申しますが、全く神人一如の境地に在られしものと拜察して居ります。昔の聖者が山川草木と語り、或は猛獸と添ひ寢をしたなどの傳記も、全く事實として有難く拜見することが出來ます。

斯樣に申しますと、それでも自分は每日腹が立つのをヂッと押し殺して强ひてニコ〳〵と接して居りますが、私の課長は權威を笠にきて朝から晚迄怒つてゐるのです、いかにこちらのみが悟つても先方の馬鹿の奴にかゝつては全く和合の道がありません、と申される方があります。コウいふ人は靈學的見地より悟得した徹底せる信仰を有せず、たゞ表面丈けの附け笑顔を以て融和せんとしてゐるから、先方を和らげることが出來ないのであります。腹が立つのを押しつけてゐる、などといふのは心中不平不滿が一杯の證據です。これでは心で一所懸命課長と喧嘩してゐるのです。

〃あゝ課長さんは氣の毒な人だ、自ら求めて地獄を描いて居らるゝ自分は何の幸にか眞理を知らせて戴いてゐるぞ、この悟りの上から論ずれば課長さんは俺よりも下だ、彼は眞理の道から云へば赤ん坊だ、赤ん坊は無理をいふものだ、何處の世界に赤ん坊と本氣になつて喧嘩する大人があらうぞ〃

斯く觀ずれば少しも腹は立ちませぬ。課長のくせに、姑《シウト》ともあらうに、あまりにわからなさすぎると考へるから腹が立つ、相手は赤ん坊です。赤ん坊はどんな無理を言つても、たゞハイ〳〵と手の上にのせて無理をきいてやり、そして心から良きやうに導いてあげやうとの親和の心を以て臨めば、必ず如何なる人も動かされます。私は全然識別力のない狂暴性の精神病者と、人が驚く程親しくなつたことがあります。狂人ですら感化出來るのですもの況んや一つ棟に住むお互ひ同志に於て相和せぬことがあるものですか。

更に進めば何等の意志も感覺も有せぬ物質と相和することも出來ます。諸君の中で、本會へ來る途中汽車や汽船に醉つた人はありませんでしたか。これは汽車や汽船と喧嘩したから醉つたのです。汽車や汽船を嫌がる人程醉ひますが、この嫌がるといふことは即ち相和せぬ心であるのです。汽船に載つた、波が高くてスウーッと天まで打上げられるかの如く浮上がる、その時、あゝ嫌だ、こんなに動搖しちや駄目だと心も躰も波に逆ふ、波に逆つたつて勝てる筈がない、終に負かされてグタ〳〵になる。今度は汽車に乘る、ゴウ〳〵響く音が嫌だといふ人がある、あゝ嫌だ〳〵と一所懸命音響と喧嘩する、どうかこんな馬鹿な喧嘩は止めて下さい。乘り込んだ以上、あゝ文明の利器は有難いなあ、こんな樂なことで百里の旅行が出來るんだと、嫌がる代りに樂しんでみなさい、決して醉はない。汽車だとて私等の兄弟、重い體を載せられて、その上まだ嫌はれたんでは堪りますまい。

金持ちの息子、營養知識に捉はれてしまつて、毎日鯛の刺身だ、卵のスープだと贅澤の限りをつくすが益々虛弱になるばかり。一介の勞働者、毎日梅干辨當以外に何も喰はず、而も牛馬の如き勞働をしつゝその健康鐵石の如し。これも嫌、あれも不味い、何にはヴィタミンが尠い、などと始終御叱言ばかり頂戴したんでは、食物先生スッカリ腹を立てゝ下痢を起させます。たとへお粗末な食物だとて、あゝうまい！と舌鼓を打ちつゝ一粒の米もおろそかにせず感謝しつつ喰べるものには無上の營養となるのです。食物に思ひ煩ふは愚者です。聖者は食物に思ひ煩ひませぬ。天より與へ給ひし、その食物の生命を感謝しつゝ食する時、それはそのまゝ無限の糧となります。

機械でも器具でも樂器でも武器でも書籍でも、鈍物之を使用すれば價値なく聖者に至れば靈妙なる生命を發揮するのであります。

諸君、諸君の望んでやまざる處のものは何か？　他なし、靈法の神祕を把握せんとの一念あるのみ。もはや諸君は靈法の達人であります。今回入會の人は言はずもがな、今迄類同學會のすべてに失敗せる人々も、一躍して靈法の極意に徹することが出來るのです。ナぜなれば諸君は既に神の子であるからです……諸君の背後はそのまゝ宇宙大元靈の絕大無限力に繫つてゐるではありませぬか！　もはや諸君は、我が思ひて達せざるなく、我が行ひて成せざるなき神通自在の境地に立つてゐるのです。靈法の極意は煎じ詰めた處、結局茲にありますので、この神人合一の大自覺の上に立つた靈術にあらずんば、所詮大なる期待をかけることは出來ませぬ。

『ドウだ俺の念力は偉大なものだらう』
『僕の靈氣放射力は斯如きことをなし得るぞ』
『本會々長獨創の〇〇式こそ天下第一の秀法なり』
などゝ、己れ一人の大天狗になりきつてやつてゐる人が可成り澤山ありまする
が、諸君斯如き天狗の仲間入りをしてはなりませぬ。
〃我が爲すは我が爲す力と思ふなよ、天地祖神《あめつちみをや》の力なりけり〃
コレです。この敬虔な、而して測り知るべからざる深みを有せらるゝ天地祖神
の上に立脚したる信念こそ、行けども行けども行き詰まることなき、汲めども
汲めども枯るゝことなき靈能の大源泉であります。我れ一人哉の我流的慢心は
靈道の禁物であることを忘れてはなりませぬ。

以上お話し致しました處は、諸君の靈的自覺――換言すれば聖の境地に入ら

れて得る處の功德のホンの一部分であるのですが、以上は單に一例でありまして、諸君が既に神の子となられし以上、行くとして可ならざるく神通自在とはこの境地のことであります。西洋の昔話にコウいふのがあります。

アフリカの深山に、いとも仲睦じいライオンの親子が住んでゐました。或日子獅子は親獅子に連られれて山上を散步してゐる裡に、子獅子は親獅子を見失つてしまひました。子獅子は親獅子の行衞をたづねて ウロ〳〵してゐる 裡にトウ〳〵山の麓まで來てしまひました。

子獅子は山の麓で一匹の羊に出逢ひました。この羊は先頃愛兒に死別して迚も淋しがつてゐたのです。そこで子獅子と羊は話し合つた上で、子獅子が羊の養子になりました。

子獅子は羊の家に連れられて完全に羊の仲間入りを致しました。羊の仲間入りをしてから子獅子は一日々々と變つてゆきました。逞しかつた四肢の力も、鋭かつた眼光も、何も彼も消え失せて全く弱き羊となり、狼に襲はれては逃げ狐や狸如きにすら欺されるといつた有様で、百獣の王ライオンとしての品格は何處にも見出すことが出來なくなつてしまひました。

或日のこと、例によつて他の羊達と共に子獅子は山の麓で遊び戯れてゐるとこの時山の頂上にあつてウオーウオーと四邊をゆるがす物凄い咆哮がきこゑてきたのです。『それ獅子だ、逃げろ』と、羊達は一散に我家へ逃げ歸つたのでありました。今は羊の仲間入をしてゐる子獅子も無論一緒に逃げたのでありましたが、逃げる途中、何となくその咆哮がなつかしく思へてならず、逃げる足を止めてその咆哮にチッときゝ入るのでした。二聲三聲きく裡に子獅子は全身に微かな武者震ひを生じ、眼は爛々として俄かに輝きを増し左右の耳は切り立つ如く四肢にはピーンと力が張りきつたのです。『オヽ、俺は百獸の王ライオンだ！』といふ自覺が勃然と湧き起つたです。もうヂッとしてはゐられません、千里一飛びの猛然たる勢ひで蹶起したのです。この時に於て子獅子はもはや昨日までの子獅子ではありません。狠何者ぞ、今日は子獅子の一撃に斃れるではありませんか。狐狸の類は彼の一睨によつて轉倒してゐるではありませんか。彼は一躍して百獸の王となり、山も森も林も河も、たゞ彼が蹂躪するがまゝにまかせてあるではありませんか。ひとたびは迷へる弱き羊の境涯にまで墮落せる獅子の子は、奇しくも妙なる雄叫びにより飜然として自己の獅子性に目醒めこの自覺は一躍彼をして森林の王者たらしめたのです。

靈性に目醒めざる人の子は、獅子性を忘れたる子獅子に等し、萬物の靈長たる靈性を忘れ、たゞ心と肉の虜となり自ら罪の子となり凡夫となり果てるのであります。

諸君！萬物の靈長であらせられる諸君！

諸君は諸君の内に潛在する偉大なる靈性の光輝を、洗心修靈の法と術とによりてシッカリと引出し、之に信念の火を點じて轟然爆發せしめねばなりませぬ。終生を疾病と煩悶と不幸の奴隷となりて了るか、將又『神の子』として『神國日本の皇民』としてよく人生の責任を全うするか、そは懸つて諸君の自覺にあるのです。諸君の修行にあるのです。諸君はこれより五日間、たゞ一向に私の指示するがまゝに『洗心修靈法』に精進し、智、情、意、健、富、聖の六ヶ條を徹底的に體驗味得して戴かねばなりませぬ。

かく云へば或人曰く『洗心修靈法、即ち靈氣吐納法だの算秒凝氣法だの色々な方法をやつた所で精神集注が容易になり靈能が開發する位なもので、中々前記の六ヶ條の實現は困難なやうです』と。成程、これは修行日數の淺い人としては無理からぬ疑問でありますが、凡そ一切の術法道敎學にして靈性問題といふことを根底とせぬものなく、從つて洗心修靈法は確固たる人生の基礎學となるものであります。殊に意志の鍛錬や健康の確立などは最も短日にして直に自覺出來ることで、他の諸項も漸次實現され完備されてきて眞人格が養成されてくるのであります。要は根氣よき諸君の專習にあるのです。

第二章　洗心修靈法の基礎

(一)洗心修靈法の歸着點

洗心修靈法として、靈氣吐納法、凝氣法、觀想法の三つがありますが、これ等はいづれも、その修行の方法手段をこそ異にしてゐますけれども、その歸着點は要するに精神統一の一點であります。故に何れの方法を併修しやうとも、其間少しも矛盾《むじゆん》を來すことなく、容易に目的を達し得るのであります。

精神統一といふ言葉は、强《あなが》ち我々靈道修行者のみの專用語ではなく、近頃の社會に於ては一の流行語となつてゐます。これは一般世人が物質萬能の迷夢より覺醒し、精神心靈の力を理解し、且其力をヨリ一層發揮せんとする自然の慾求であると存じます。

普通時に於ける我々の精神力といふものは甚だ散漫なるもので、多岐多端《いろいろ》の活動をなしつゝありますから、したがつて精神力は種々に分裂し、且又反對觀念の衝突もあつて、假に精神の全力を十とすれば、僅に五六の力より活動してゐませぬ。否、近頃の青年の常套語《きまりもんく》たる記憶が拔けた、能率があがらぬ、頭がポンヤリするなどといふのは、何れも折角十の力あるものを僅か二か三ぐらゐより使用してゐませぬ。それもその筈で仕事をしながらも魂は其處に在らず、明日は競馬に行かう、明後日は海水浴にゆかう、今夜はカフエーに行つて女給をドウしやうコウしやうと肝膽《かんたん》を碎いてゐるのですもの、これでは能率も擧がらぬ筈であります。

古來一技一藝に達したともいはるゝ人々は何れも自己の職務に對して十の力を十乍ら打込んだ人であります。かのニユートンが時計と玉子を間違へて煮湯の中に投込んだといふ話や、發明王エヂソンが花嫁さんを忘れたといふ逸話や文人畫の大家として有名な池大雅《いけのたいが》が其妻玉瀾《ぎよくらん》から繪筆を渡された際に、それが自分の妻女であることを知らなかつた話など、一流一派の始祖とも仰がるゝ人々には此種の逸話奇談が少なくありませぬ。本會の洗心修靈法も歸着する所、方面をこそ異にすれ、要するに此の精神統一の境地を體驗せんとする方法なのであります。

所で一度《ひとたび》之等《これら》先哲の修養の跡をたづねてみまするに、その絶大なる難行苦行には驚嘆するの他ありませぬ。寢食を忘れての勉强！四六時絶ゆることなき讀經！或は斷食に、坐禪に、並大抵《なみたいてい》の修行ではありませぬ。たとへば斷食にしましても、人なき淨地に於て一物も口にせず終日靜坐冥想を續けるのであり、坐禪にしましても多額の旅費と長日の日子を費して名僧高德の下に參禪し、しかも色々な段階や六ッかしい方式を以て、短くとも半年や一年は坐らないと悟得することができないのです。でありますから今日修養だ、信仰だと矢釜しく宣傳されましても實際に着手するものがありませぬ。誰だつて衣食に事缺かず、物質に惠まれて居れば直に着手するのでありますが、先づ世間大部分の人は其様な餘裕がなくヨシ物質的に惠まれてゐても、半年も一年も事業から手を放すことは出來ないものであります。思想は日々に惡化し、財界は益々不況となり修養の必要は愈々迫つてゐるにもかゝはらず、富者も貧者も容易に之に着手し得ない刻下の世相であります。このまゝ進めば、どこまで人心は墮落し、病弱者は增加するか測り知れませぬ。此處に着目して出現したのが現代の靈的修養法であります。近頃の言葉で言へば超スピード式の修靈鍛身法とでもいふべきで何人にも極めて無雜作《むぞうさ》に通達し得るのであります。

(二)無念無想に對する誤解

現代に唱道さるゝ靈的修養法を通覽しまするに、靜坐法あり、調息法あり、自己催眠法あり、或は何式、何流と實に夥しい數に上つてゐます。そしてそのいづれもが精神統一を體驗し、無病長壽或は靈能開發に資せんとしてゐるのでありますが、其結果は求道者に悉く滿足を與へているものは尠少であります。否、中には却て不自然な行爲のために健康を損じ短命を招致してゐるものが尠くないのです。それでドウしても精神統一に入れないとの嘆聲は世上到る所に耳にします。諸君、靈的修養法とはソンナに要領の捕捉し難い六ッかしいものでありませうか？　否吾人の貧しき實驗に徵してみても、精神統一は決して左樣に六ッかしいものでないといふ事を確信を以て斷言出來得るのであります。實地指導ならば數日で、獨習に於ても一二ケ月で立派に要領を摑むことは甚だ容易です。精神統一の不成功を嘆ずる人の多くは

一、修養法に缺穴があるか、又は其方法が迂遠であるためか、

二、精神統一は凡人の絕對に出來ぬものであるとの先入觀念があり、其自己

暗示のために防碍せられるか、又は

三、統一狀態を誤解し、又は之を巧に利用し實驗するの術を知らぬがために

折角統一に這入りながら不成功を云々してゐる人が多いのであります。

就中最も多いのは統一狀態を曲解してゐることであります。即ち、精神統一とは無念無想に入ることであり、一度此狀態になれば何も分らず、何も思はぬものであつて、而も透視透覺は鏡に物の映ずる如く自由自在であると思つてゐる人が多いのであります。所がそれはトンデモない誤りで、本會ではソンナ手品の種の如きことを指導してゐるのではありませぬ。そんなツモリで着手しましても、中々一朝一夕になるものではないのです。そこで或人は『人間の心は元來動であるから無念無想になることは絶對に不可能である』と喝破しましたが、これ亦誤解であつて、これ等の人は無念無想とは絶對に心の動かぬ狀態、換言すれば死人か土偶《でく》のやうになるのだと解してゐるのであります。無念無想

とは斯やうな心想を杜塞する死灰の如きものでは斷じてありませぬ。大活動をしつゝ而も中心を失はず、所謂《いはゆる》動中靜《どうちうせい》を得、靜中動を得ると云ふ狀態であります。かの一代の傑僧澤庵禪師が劍聖柳生但馬守に說かれた話に次のやうな一節があります。

『石火の機と申すことの候。石をハタと打つと、いなや光りが出で間もなき事にて候。是も心の止まるべき間のなき事を申候。早き事とばかり心得候へば惡敷候。心を物に止め間敷と云ふが詮にて候。西行の歌に、世をいとふ人とし聞かば假の宿にこゝろ止めなと思ふばかりぞ、と申す歌は江口の遊女を讀みし歌なり『心止めなと思ふばかりぞ』心得所と可存候。禪宗にて如何、これ佛と問はゞ拳をさしあぐべし、如何か、佛法の極意と問ひ候はば其聲未だ絕えざるに一枝の梅花とも庭前の相樹子なりとも云ふべし。云ふことの吉凶を撰ぶにてはなし、止まらぬ心を尊ぶなり、止まらぬ心は色にも香にも移らぬなり、此移らぬ心の體を神とも佛とも尊び、禪心とも極意とも申候』これは禪師が、精神の一物に執着《しうちやく》せざることを示されたものでありますが、更に『不動と申候ても石か木かの樣に無性なる義にては無之、向へも左へも右へも十方八方へ心を働きたき樣に働きながら卒度も止まらぬ心を不動智と申候』とあるは中々面白いことゝ思ひます。即ち我々の心が無念無想となり、所謂靜を守り靜にして、而も自由自在なるを得るとは、此止まらぬ心移らぬ心を尊ぶのであります。かくして胸裡淡々《きやうりたんたん》、心動かざること大山の如く、萬境萬物無差別の境に至り、宇宙の眞理は自ら眼前に映じてくるのであります。

由來、透視とか念寫とか心靈現象の說明には必ず精神統一といふ文字を使用しました爲に、ある一部の人々は精神を統一すれば直に奇蹟的能力が出現するものとし、又不可思議力が出現せねば無念無想に入つたものでないと解してゐます。然し、これは精神統一の力を極めて狹少に見たので、精神統一とは前にも述べました如く決して奇蹟の原動力としての專賣特許品ではなく、我等が人生の戰塲に立つて雄々しく戰ふてゆく上に於ての唯一の精鋭なる武器なのであります。

假りに佛敎の言葉を借りて言へば、兎角人間は盲目的な感情に支配されて狂《きやう》躁煩悶《さうはんもん》するから、この盲情盲念の雲を拂つて（無明）理性（佛性）の明月を識るとも云へるのであります。王陽明は『山中の賊を破るは易く心中の賊を破るは難し、心膓《しんちやう》の冠を掃蕩《そうさう》し以て廓淸平定の功を收め得ば此れ誠に大丈夫不世出の偉蹟なり』と云つて居りますが、實に我等は常に此の心中の賊のために煩悶苦惱を重ね、遂には世を厭《いと》ひ生を儚《はかな》み、精神の動亂は直に肉體を衰弱せしめ其處に諸《もろ》々の病は發生するものです。でありますから反對に心を靜にすれば萬病息むのであります。ひとり心靜にして萬病息むのみでなく、虛心坦懷《きよしんたんくわい》となり邪念邪慾を一掃すれば、心の平衡《へいかう》を得て善惡正邪の見分けがハツキリとつき、限りない歡喜が勃然《ぼつねん》として湧出し、何物に對しても感謝の意を以て當ることができ、心の一切の作用がヨリ大きくなつて顯はれてきます。

聖人君子が教を說き道を示すのも、みな我等の精神の塵埃《けがれ》、心靈の明月を鎖《とざ》す黑雲を拭ひ去つて、ヨリよき人間たらしめんがためなので、其他の學でも法でも術でも、凡て精神統一てふ上に立脚して、初めて深甚速達の妙効を放つのであります。ですから精神統一法は靜坐や禪など行ふ人にのみ必要ではなく、生きとし生ける人の凡てに必要なのであります。

精神統一と云ひ、無念無想と稱し、將又禪定《ぜんじやう》と云ふのも畢竟我が本心の力を全力を擧げて働かしめ、忘念迷想を一掃して本然の心にかへらしめる方法であります。だから無念無想とは自我觀念中の邪慾妄想を無にすることで、決して何も思はず一切分らぬ土人形の如くにならんとするものではありませぬ。たしか王陽明であつたと思ひますが、九川と云ふ人が無念無想の困難を嘆じた時、無念の念は正念の念であると答へたと云ふことであります。全く正念正見のたゞ一途に集中して妄想を斷ずることは、誰にも容易に出來ることであると思ひます。

(三)精神統一必成の極意

さて然らば其方法は如何と申しまするに、やはり觀想法《かんそうほう》や呼吸法や自己催眠法等が最も好適なやうであります。從來、研究者の通弊《つうへい》とする所は、新奇な方法のみを求めて次から次へと徒に轉々することであります。いかに秀法でも五回や十回の修行でさう著しい効果の見えるものではありませぬ。術と云ふ字は行へば其中に求めらると書くではありませぬか。數を重ねると云ふことが靈道の大極意であります。何々のダラニを五百回唱へるとか、何萬遍の珠數《じゅず》を繰《く》るとか云ふのも、其數の力によつて神通力を發揮せんとするものであります。一滴の水も重なれば石をも穿《うが》ち、毛髪の如き纖弱《せんじゃく》なものでも、結束すれば、ヨク千均の重さに堪へます。これ又數の力であります。でありますから時計の音を聞くとか深呼吸を續けると云ふやうなことは、一見馬鹿々々しく思はれますが此單調不變なことを何回も何回も繰返してゐるうちに立派に精神統一の狀態になるのであります。

それから今一つ、修行中、統一に入らんとの念慮が餘り強いのはいけませぬ確固不拔の信念は必要でありますが、早く統一狀態に入らねばならぬとの焦慮《あせり》は禁物であります。何も思ふまい、雜念をなくしたい、と思ふ心が卽ち雜念でありますから、全く自然に任せきることが必要であります。雜念起らば起るにまかせ決して追想せず、たゞ〳〵なるがまゝに放任しつゝ修行を續けることが極意であります。これは何故かと申しまするに、逆行心理などと一部の人が云つてゐますが、我々の心と云ふものは、見るナと云へば餘計に見たくなり、思ふまいと思へば、餘計に雜念が起つて參ります。或る大學の生徒がドウしても講堂の窓から飛び降り自殺がしたくて堪らず、これを友人や先生に語つた所、皆一様に止めましたが、止めれば止める程、餘計に飛んでみたくなり、思ひ餘つて哲學科の先生に打明けた所、其先生の答へは案に相違して、飛降りることを奬めたのであります。そこで愈々飛降りるべく窓口に行つた所急に恐怖の念が起つて遂に自殺は中止となつたと云ふことであります。こんな實例は他にも澤山ありますが、ドウしても人間の心と云ふものは天《アマ》ン邪《ヂヤク》鬼的な所があつて、川へ行けと云へば山へ行く、山へ行けと云へば川へ行きたくなるのであります故に靈的修養に志すものは、精神統一だの無念無想と云ふやうなことを念慮にをかず、斯うして行つて居りさへすれば良いのだと云ふ位の餘裕綽々《よゆうしやくく》たる態度で着手して戴きたいのであります。

之を要するに、精神統一の極意は、よく方法を撰擇し、充分信念の出來た上で一氣に修行に着手すればよいのであります。それは丁度急流の大河を泳ぎ渡るのと同一であります。速くて疲勞の少ない泳ぎ方を撰び、一度水中に身を投じてからは一氣にヒタ押しに押しきらねばなりませぬ。途中でマゴ〳〵してゐると押し流され（入定遲延）或は岩石に衝突し（健康損傷）時には鯉や鮒の餌食となり（邪靈憑依）中々對岸に到着することが出來ませぬ。精神統一の實習も方法の撰擇と信念の充實と相俟つて一氣に修行すれば容易に光明の彼岸に到着します。其量は決して多きを要しませぬ。少しづゝでもよいから中斷せず根氣よく行ふことが必要で、焦慮は禁物であります。且つ修行の途中に於て適宜の實驗を試み（精神感應術とか靈氣放射法の類）自信力を强固ならしむることが必要であります。

(四)型式に捉はれるな

洗心會の唱道する洗心修靈法は、靈氣吐納法、凝氣法、觀想法、氣合法、自己催眠法等から成立してゐます。而して本會の方法は、私が過去拾數年に亘つて幾多方法を研究し、其長所及短所を仔細に吟味し、實踐躬行の結果組織したものであつて、行ひ易く入り易くと云ふ點に重きを置いて苦心したものであります。故に何人と雖も相當の努力を拂はるゝ覺悟ならば、必ず短日を以て精神統一を自覺し、念力凝集意の如くなり、靈氣の充實を明感し、天性靈能の豐富な者は透視靈覺等の能力を發揮するに到ります。更に智、情、意、健、富、聖の眞人格は完成せられ、其奥堂に到れば神人感應、不老不死の妙境に住するやうになります。勿論其の奥堂に到るのは一朝一夕の修養のよくする所ではありませぬが、吾人は之を一生の事業として只管《ひたすら》其境地に到達せんことを念願しつゝ倦《う》まず撓《たゆ》まず精進すべきであります。而も其修養も、初めの內こそ型式から入るのでありますが、相當工夫を積んでくれば、特に靈氣吐納法だの觀想法だのを行はなくとも、所謂行くも禪、坐るも禪と云ふのと同一の境地になり、白隱禪師のお言葉の如く、立つも歩むも則《のり》の聲、三昧《さんまい》無碍《むげ》の空廣く四智圓明の月冴ゆるのであります。又型式にのみ捉はれず何時如何なる所に於ても、直に虚心となり得るやうに修養せねばダメであります。

昔なら一法一術を修するにも、親兄弟妻子とも別れ、人無き浄地に於て長い年月難行苦行したものでありますが、文明開化の有難さは、遂に自宅に居乍ら一冊の教典に據つて體驗し得る迄になりました。古代の如き斷食も水行も讀經も敢て之を要せず、或は禁酒禁煙禁色禁慾等も之を强制する迄もなく修行の重なるとゝもに自ら調節され、如何なるモボやモガにとつても敢て苦行ではなくなりました。されば先哲の難行苦行の跡を顧みる時、相當の努力位は積まるゝのが當然でありまして、之は何人にとつても決して六ッかしいことではないと信じます。世には單なる一小技術を習得するでさへカナリの努力を要してゐるではありませぬか。ましてや自他の心身を改造し、靈能を發揮せんとする者に於ては、出來得る範圍に於て相當の練習を積むべきこと敢て述者が申し上ぐるまでもありますまい。世俗に云ふ初物食ひや三日坊主の部に屬する人は寧ろ初めから着手せぬ方がよろしい。蓋し人の一生は修養の時代であります。修養修行は飽迄積まねばなりませぬ。人間の一生涯は修養であらねばなりませぬ。

第三章　靈氣吐納法

(一)靈氣吐納法の靈的觀察

1、靈氣吐納法とは何ぞや

靈氣吐納法とは、本會が特に命名したもので、之は一般に行はれてゐる呼吸法のことであります。單に呼吸法と呼んでは其所其處《そんじよそこら》等の健康屋に販賣してゐる吸酸排炭本位の深呼吸と混同視される虞《おそれ》があるので斯《かく》は命名《なつ》けたのであります我々人類の生命保存の直接原動力となるものは呼吸と食物であることは諸君も御承知です。其中でも飲食物はたとへ十日や二十日之を斷つとも生命に別條はありませぬが、獨り呼吸に至つては僅に數分間と雖も之を中止することができませぬ。實に生《いき》るとは息《いき》することである、息するとは生きる事であります。ですから死んだことを息絶えたと云ひ、生き返つたことを息を吹きかへしたと云ひ、芝居の役者のセリフにも『息あるうちにタツタ一目』などと云つて、息即ち生命として尊重せられてゐます。此呼吸運動を現代の科學によつて說明すれば吸酸排炭作用、即ち肺胞内空氣と肺臟毛細管血液との間に行はれる瓦斯交換作用の一點に歸着するやうでありますが、述者《わたくし》は更にこれ以外に、大自然界より生命の原動力となり、將又靈魂の糧《かて》となるべき或物を攝取してゐると思ふのであります。そこで述者はこの靈的の元素を假に靈氣と呼んで居ります。

2、靈氣とは何ぞや

かくて當然述者の云ふところの靈氣なるものについて、一言說明を試みるべき順序となりました。

人體及び動物鑛物から一種の氣が放散しつゝあると云ふことは東西各國とも古くから云ひ傳へたことであります。之は俗間の言説に徵しても直に判明することで、ヨク世間で『あの人はドウも近頃影がうすくなつた』と云ふことを申しますが、これ即ち靈氣の缺乏を意味して居るのであつて、靈氣が缺乏すると何となく元氣がなくなつて、見るからに影がうすく感ずるのであります。或は又『お婆《はあ》さん兒《こ》は弱い』と云ひますが、これは成長の旺んな幼兒を、既に靈氣の衰退せる老人と寢させますと、其之より發育せんとする旺盛な靈氣を吸取つて失ふといふやうな見地から云つた言葉でありますが全く之は事實であります。諸君はよく仙人が童子を連《つ》れた繪を見受けるでせう。仙人もヤハリ童子を愛して其若々しい靈氣をうけて所謂《いはゆる》不老長壽法を行つてゐるのであります。金滿家の隱居連が蓄妾《ちくしょう》するのも、强ち獸慾を滿足せしむると云ふやうな見地からではなく若返へりの意味に於てなすものと思ひます。それかあらぬか或醫學士の若返り法の本を見ますと、食物は野菜鳥獸魚貝一切若々しいものを採り、服裝も華美《はで》なものとし、若い人達と交際するのが第一でスタイナツハ氏や九州醫大の榊博士の研究以上のものだと云つて居ましたが慥に反面の眞理であると存じます。

溺死人を蘇生させるには普通火熱を利用しますが、之は焚火などより人膚《ひとはだ》で温めることが第一であると申します。何故人が抱いて暖めるのが有効であるかと申しまするに靈氣の作用が加はるからであります。普通體温は三十六七度のものですから、之と同等の温度を與へると活生すべき道理であるにもかゝはらず、人體で暖めた場合に限り蘇生するのは、之れ人體には體熱以外に或種の放射物質、即ち靈氣の放射を認めぬワケにはゆかぬではありませぬか。江見水蔭氏の小説にも『抱き男』と云ふのがあつて、どんな寒中にも水中に入つて魚を捕へ（此男に抱かれると體が痲痺して失ふ）後には江戸中の病人を抱いて治療したと云ふ實話が書いてあり、氏は之を動物電氣だらうと云つてゐるが、述者の所謂靈氣の事であります。先頃當地へ廻つてきた鈴木天水と云ふ精神治療家は天下一品左の手プラナの持主＝＝左手は常に高熱と芳香を有すと宣傳してゐたが、成程實見してみると小々右手とは色も異り温度も高い、このプラナと云ふのも即ち靈氣と云ふのと同じことであります。各自研究の立場を異にすると共に其名稱も異るのです。そんなに人間の手からプラナやマグネットや電氣やラヂウムや其他種々様々のものが、奇術の使ひ分けのやうに出るものではありませぬ。要するに同一物であります。

古羅馬人は之をオーラーと稱し（之を譯すと靈氣とか靈衣と云ふやうな意）印度の波羅門《はらもん》や瑜伽《よおが》ではプラーナ、支那の道家や醫家では氣と稱へ、我國の精神治療界に於ては、人體ラヂウム、人體放射能、靈子線、靈波、人身マグネット、生物電氣、靈光線、などと種々様々な名稱を以て呼ばれてゐます。其研究も精緻を極め、英國のキルナー博士はデシアニン（コールターの中から製出した青藍色の染料）をアルコールで溶かしたものを二枚のガラス板の間に入れ、黒幕を以て覆うた暗室内に於て實驗した所、此の裝置によれば何人の肉眼にも認めることが出來、其放射の狀態は身體から一吋半から三吋半ぐらいまでの內發があり、頭部は八吋から九吋、胴體は四吋から六吋、特に手に於ては十吋以上の外發があると發表してゐます。而も此オーラーは感情に依つて其色彩が異るとて、憤怒《ふんぬ》怨恨《えんこん》などの感情を有してゐる際には赤黑の突角ある物凄い光、愛慕などの際には綺麗な淡紅色、敬虔崇高《けいけんすうこう》の際には花のやうな形をした青色の光氣を發するなど三十數通りの色別を發表してゐます。

オードンネル博士は之を靈活素の發散と稱し、其研究によれば、二枚の硝子板の間に或種の化學品より成る青紫色の薄き膜を入れ、之を透して人體を見た所、身體の周圍から旺んに噴霧狀の氣體を放射してゐたと云ひます。更に臨終《りんじゆう》の患者を見た所、命數盡きると同時に身體各部の放射物質がパッと燃えるやうに明るくなり更に急に消えてしまつたと發表してゐます。

松本道別氏は之を人體放射能と命名し、ラヂウム、トリウム、アクチニウムなどの放射性元素から放射せられる『アルハー線』や眞空管内に於ける『陽極線』と同樣なものとし、陽電氣性であることが發表されてゐます。

其他東西幾多の學者によつて種々なる研究が發表せられてゐますが、それ等の研究の結果及び述者の過去に於ける實驗に證するのに、凡そ生ある者の凡てはこの靈氣を保有し、全身の營養運化を司り更に外的に之を放射しつゝあるもので、之を强烈に作用せしむる時は、暗室内に於て肉眼で實見することも可能であり、更に寫眞の乾板《たねいた》を感光せしめ、或種の物質に變化を與へ、或は檢電氣螢光板《けいこうはん》等を以て試驗することも能き、透視能力ある者に於ては一見直に放射の强弱を知ることすら能きるものであることを慥《たしか》めました。

既に靈氣の存在が確實になつた以上、之を如何にして補給し放射してゐるかと申しますに、先づ吾人は呼吸と食物によつて靈氣を攝取《せつしゆ》し、之を脳髓及脊髓其他神經中樞に蓄積し、人體神經系を流通し（其關係は神經が電線に相當し、靈氣は電氣に該當する）内臓及全身の筋肉を通じ、以て生命の原動力として全身の營養運化を司つてゐます。而して其分布狀態を仔細《しさい》に觀察しますと、生ある者の凡てに具有されては居ますが、特に高德者や健康者及び心身統一の人に於て放射層濃厚であつて、反對に病弱者や低脳者や人格劣等者には薄弱でありますo 死人に於ては皆無《かいむ》であつて、同一人でも其病患部は特に靈氣が缺乏して居るのを見受けます。古より聖賢高僧の身邊に於て發するものを光明、圓光、後光《ごくわう》などと稱して居りますが、かの釋尊《しやくそん》、キリスト、其他の祖師や聖徒の繪像の頭の周圍に光明が描かれてゐますのは、崇敬の餘り故意《こい》に描いたのではなく事實人の眼に或機會に於て映じたものでありませう。本會の會員中にも此種の報告が時々あります。又我が靈界の同人中にも靈氣の放射を乾板に現像してゐる士が多々あるし、心教の品田俊平氏の如きも其講演中後光が放射したと記してある所などから歸納しても、之等大聖より發する圓光が想像的描寫でないことが分るのであります。名僧智識或は偉人聖人と仰がるゝ方に師事してゐると何時とはなしに其人格に感化されてきますが、これは催眠術に於ける推感作用であることは勿論でせうが、靈氣の感應と云ふことを見逃してはなりませぬ。即ち靈氣は人格者に於て强大でありますから、隨つて其强烈なる靈氣の感化をうけてゆくのであります。下賤《げせん》の者が高貴の方の前に出た時に思はず震動を生ずるのもヤハリ强烈なる靈氣にうたれた結果であつて、靈氣には前述の如く電氣性があるからであります。猛獸が偉人高僧の前に於て萎縮してしまつたと云ふのも其威嚴、即ち靈氣に擊たれたためであると思ひます。憑靈者に靈氣を放射しますと、其患者の衰弱せる靈性を刺戟し、遂に憑靈は居堪らずして脫退するのも同じ理屈であります。靈氣は陽電氣性であると云つても、普通の電氣とは大いに其趣きを異にしてゐます。前記の如く憑靈を忽ち脱退せしめたり、導體不導體の別なく何物をも透過したり、ラヂウムやエッキス線治療の如く病患部以外の健康な組織に副作用を及ぼすやうなことは無いのであつて、此處が靈氣の靈氣たる所であります。

之を要するに靈氣吐納法の主眼點は、大自然界に遍滿《へんまん》せる靈氣を、特殊の呼吸法を講じて大いに自己體內に充實せしむるに存するのであります。故に之を熱心に行ずる時は、元氣精力充實し、體內諸機關は融合的活動を起し、疾病を有する者はおのづから癒へ、虛弱を矯《た》め、外的には靈氣の放射を旺盛にし他人治療の基本的能力を養成することゝなるのであります。

附記。靈氣能力充實法は本書に遺憾なきも、之の放射法、實驗法、治療法、等は第三卷及び第八卷に詳記して置きましたから御覽下さい。

(二)靈氣吐納法の心理的觀察

1、精神修養人格改造法として

眞の靈肉鍛錬法は坐つて行ふものでなければ駄目であります。立つて行ふものはドウしても性質が粗暴になります。深み、雅味と云ふやうなものが生れてきませぬ。精神修養法としては此靈氣吐納法が最もよろしい。之を眞面目《まじめ》に實習する時は、次第に精神が平和になり、頭腦が明晰になり、隨て煩悶、不平、嫉妬、忘念、鄙情《ひじやう》は自ら消散して圓滿な精神の所有者となります。從來不良の性質を帶びた人や、神經質の人で、何等格別の說法も訓戒も施さず、たゞ毎日靈氣吐納法を行ふのみで其性質が改善された例は澤山あります。老子は『聖人は無爲《むい》の事を處し、不言の敎を行ふ、不言の敎、無言の益は天下之に及ぶもの稀《まれ》なり』と喝破して居りますが、此不言の敎こそ我が靈氣吐納法を唯一の慰安として愉快に行ずることにあるのであります。此簡單な方法を實習することを續けて居れば、月日を重ねるに從ふて、獨り性質が改善されるくらゐに止まらず何人も別に一隻眼を開いて來て、基督《キリスト》信者はバイブルに據り、佛教信者は佛典に據り、漢學者は經書子類に據り自《おのづか》ら感得《かんとく》することが出來るやうになります。之は單に宗教信者に止まらず、理學者も法律家も文學家も政治家も經濟學者も其實習宜敷を得れば皆同樣の結果を得るのであります。

2、精神統一法として

精神を統一する方法は種々ありますが、元來我々物質的頭腦を持つたものは何か一つの物質的方法に據ることが祕訣であります。それでは圍碁や小説等は夢中になつてゐる間は精神統一かと申しまするにそれは勝敗や變化に隨つて心は絶ゑず動搖してゐますから精神統一とは申しませぬ。然るに呼吸をするといふことは、たゞ息を吸つて吐くだけのことで實に無味《むみ》乾燥《かんそう》で容易に行へることであります。この何等の意味もないことに精神を集注してゐるから雜念は消滅してしまふのであります。

雑念が消滅するといつても、直に無念無想になるのではありませぬ。統一状態に於ては既に本書の初めに於て詳述してをきましたが、今少しく具體的に云ひますと、呼吸の數や時計の音が百でも千でも相違なく算《かぞ》ふることが出來ると か自感法や觀想法によつて一事に思念が凝集出來れば、即ち有念有想の統一に入つたものと見てよろしい。此境地では眼に何物も見えず、耳に何等の音響も聞えぬといふやうなことはありませぬ。たとへば練習中、門前を車がガラ〳〵通るとする、其音は勿論聞えてゐますが、それに關して何等の觀念も――つまり車の音が聞えてゐるとも、アレは荷車だとも、大分重さうだとも、一切何も思はぬ、たゞ聞えてゐるといふに過ぎないのであります。所が之が進めば練習中忽然として自己の身體が消えてしまつた如く感じたり、呼吸の數も周圍の音響もなくなつて胎息に入つたり、或は靈感に觸れたり神の御姿を認めたり、所謂無念無想になるものであります。しかし如何に熟達の士でも、一回の實習中終始一貫無念無想に沒入して居るものではない。只幾分かの時間だけ出入するのであります。吾人は時と場所とを撰ばず、何時でも此無念無想の境に遊ぶことが出來るやうに練習せねばなりませぬ。

3、膽力養成、判斷力增進法として

靈氣吐納法を行つてゐると次第に腹部に中心力が据つてきます。（プク〳〵ふくれることではない）その結果膽力が据つてきます。現に述者《わたし》なども元來が座食者ですから左程頑健な體格でもありませぬが、正坐の形式をとりメーイと氣合一つかければ、ドンナ柔術の達人や相撲取りが押しても突いても決して倒れませぬ。此腹が出來るといふことは、即ち判斷力や膽力の增大を意味するのであります。近頃の人間は兎角《とかく》物事を考へるのに胸先《むなさき》で考へるから、從つて胸先に氣血が澁滯し肺病や心臟病が澤山出來るのであります。中には餘りに思ひ詰めて、胸が詰《つま》つたとか、癪氣《しやつき》が起つたとかいつて苦しむ婦人がありますがソウいふ時にはウンと腹の方へ引き下げて丹田式吐納法でも緩々《ゆるく》とやり乍ら考へますと名案が浮んでくるのであります。物に驚くとか、膽玉《きもつたま》が小さいとかいふのも腹に力がないからです。ヨク物に驚いた時に睾丸《きんたま》を摑んでみよといひますが、恐怖の念の起つた時は必ず睾丸が小さく縮《ちゞ》んで居ます。腹に力を充實し睾丸をダラリとたれ、サテ驚かうと思つても驚けるものではありませぬ。であるから膽力增進法も判斷力や斷行力を增大するのも立派な腹を造ればよいことになるのであります。随つて我が東洋では幾千年の昔より丹田又は氣海などと稱して非常に腹を重要視し、又世俗にも、あの人は腹の人であるとか、彼の人は實に腹の出來た人であるとか、彼の人は腹が黒い、腹の中は分らぬ、腹が良い腹を立てる、腹の蟲が承知せぬ、腹に一物ある、腹の探り合ひ、腹を合せる、などと凡ゆる意味に使用せられてゐます。希くば諸君も立派な腹の人となつてもらひ度いものです。

4、諸藝の上達法

諸種の藝能と調息の關係も亦至妙なものであります。此事については、延壽養生訣や病家須知等の著者として有名な櫻寧室主人平野元良は其著書の中に、何の藝によらず眞氣を氣海丹田に藏する者は、自然に其技の妙所に達するといふことを說いてゐます。其中の一節を轉載して參考に供しませう。

皷つゝみ

音は革にあらず、指にあらず、指と革とは搏つの顫動を風氣に傳へて耳に送るなれば、今臍下の氣息を外氣に和することを得れば、おのづから、人をして感ぜしむるの妙所に據るべし、即ち皷を打つに、後面へうちとほすは、これ一氣を以て貫く故なり。

書道

胸肋より手腕にいたる間は、すべて空洞にして、物なきが如く、たゞ臍下の氣力を筆尖に貫通し、筆よく手を忘れ、手よく筆を忘るゝの境に到らば、運轉自在の妙を得べきなり。

作法（茶道）

己が頭面を臍下へ沒入するの觀をなして、丹田と水サシとの正中を、心を以て相對せしめ、その高低を自然にまかせ、下脚を忘れて運び出すなり。

馭法

馭馬の法は、丹田の氣力を充實して、支躰を虛無ならしむれば、精神自然と兩轆四蹄を透貫りて、鞍上に人なく鞍下に馬なきの機を自得し、四技（鞍、轡鐙、鞭）三術（合節、知機、處分）學ばずして、おのづから、その妙に到るべし、すべて臍下の力のみを以て、馬を自在に動かすが馭法なり、手綱取る手と手綱とを共に忘るゝが妙手なり。

勁弓を彎きて、よく中ることを得るの力は、臂腕にあらず、指頭にあらずたゞ身躰の正中なる丹田の樞軸より發せし一氣を以て、發たぬ先に的を貫くなり唐の太宗の、本心正しからざれば、脉理皆邪なりといへるは、いまだ盡さゞる所あり、總て弓をひくには、其胸肩臂指を虚にして、たゞ臍下に氣息をはりつめ、その心を以て的にむかひ、眼を以て視ることをいましるべし。

(三)靈氣吐納法の生理的觀察

1、肉體に及ぼす効果

今日では腹式呼吸も稍下火となりましたが、少し以前には隨分澤山な方式が宣傳せられ、其効力についても頭の先《さき》から足の爪先に至る迄書竝べられたものであります。然し何人の眼より見ても異論の無い所は次の三點位であります。

一、血液を淨化すること。

二、血液の循環をよくすること。

三、內臟諸器管及神經系に適度の刺戟を與へて强壯にすること。

我々の體內には二升五六合の血液があつて、此血液が約二十三秒間を以て晝夜間斷なく全身を循環して居ると申します。此血液を淨化するの役目を有するものは實に呼吸でありまして、之又一分間十七八回の速度を以て分秒の間も休まず活動します。此呼吸運動の主なる目的は吸酸排炭作用、即ち肺胞內空氣と肺臟毛細管血液との間に行はれる瓦斯交換であります。之によつて血液及全身に温熱を與へ物質を變化し、以て生活機能の重要なる務めを果すのであります

更に之を腹式に行へば橫隔膜の血壓作用によつて腹部に停滯せる血液を循環せしめ、全身の血液循環を旺盛にします。虛弱者や運動不足者等にあつてはドウしても多分の血液が腹部に澁滯します。河水でも一個所に停滯すると不潔となり蜉蝣《ほうふり》すら發生しますが、血液も腹部にのみ澁滯すると諸々の病を發生しま

す。ヨク『自分は貧血だから』とて手足が冷《つめ》たく顔色蒼白で、動物の生血や血液素など常用して居る人がありますが、之は馬鹿げた話で生血を飲んだ所で胃中に於て其組織が破壊されてしまふし、血液素を飲んだ所で有田音松氏の宣傳ではないがサウ簡單に血液が増加するものでない。貧血と稱するのも多く血の循環が悪いのでありますから、大いに本會の靈氣吐納法を行へばドシ〳〵循環してきます。獨り循環をヨクするのみに止まらず、白血球プラスマを増殖し、腹部にある迷走神經、内臓神經、交感神經や、胃腸壁内にある固有神經叢等に刺戟を與へ、其結果として胃腸病、神經衰弱、肺病等の難病を始め色々な病が治癒し健康が増進するのであります。

2、呼吸の學術的分類

呼吸を分つて風呼吸（スースーハーハーと急がしく行ふ呼吸）、端呼吸（俗に云ふタメイキと云ふ方法で之は最も悪い）、氣呼吸（普通時に於ける呼吸）

息呼吸（正坐して行ふ呼吸）の四種になりますが、前二者は問題外として、我等は須《すべか》らく正坐によつて息呼吸を行はねばなりませぬ。之も更に分つて五種類となります。

其一は肺尖式といつて多く病弱者か姙婦が行ふ呼吸であります。これは肩で息をする淺い呼吸法でありますから最もいけませぬ。肺尖《はいせん》部は最も弱く、且空氣が直入するため往々肺尖加答兒《はいせんかたる》や氣管支加答兒に犯され、又酸化作用が充分行はれませぬから全身虛弱となります。若し一家のうちにコンナ呼吸をする人があればどうぞ矯正して下さい。

其二は胸式であつて一般普通の者が行つてゐる呼吸法であります。これは胸を上下左右に動かし、肺を横に擴げるばかりで竪を短かくするの弊がありますから完全とはいへませぬ。

第三は丹田式又は腹式と稱する呼吸法で、之は横隔膜の上下によつて行ふ呼吸法であつて、よく前述の諸々の効果を實現することが出來ます。生れた當時には何人も此呼吸を行つてゐたのですが、成長すると共に次第に胸式に移つてしまつたのであります。洗心流の丹田式吐納法を永く行つてゐると、正しい姿勢の時はイッも知らぬ間に腹式呼吸を行つてゐるやうになつてゐます。

第四は胸腹式であります。肺尖部は厄介な代物《しろもの》で、下手に使ふと病菌に犯され、そうかと云つて全々使はぬ時は又虚弱となつてしまひます。それで胸部の呼吸と腹式呼吸とを兼ねて行ふと云ふのが最近の學說であります。本會では數年前から、先づ胸式吐納法を二十回行つて後、丹田式吐納法を行ふことにしてゐますが、チャンと最新の學說に合致してゐるのであります。

第五は逆式でありますが、逆式呼吸は一時的には効がありましても、元來が不自然な呼吸法ですから永く行つてゐると弊害を生ずることがありますから我洗心流の方法には逆式は一切用ひぬことにしてをります。

3、息の仕方について

息の出入法にも數種あります。鼻より吸ふて口から吐く（禪家）と云ふのと口から吸ふて鼻から吐く（仙家）といふのと、鼻から吸ふて鼻から吐くと云ふのと、口から吸ふて口から吐くと云ふの類がありますと概して口から吸ふのは寒冷な時であれば冷氣が直通するため咽喉や肺尖を損ずるとか、黴菌が入り易いからとて排斥する人がありますが、之に對して某式の先生は『我々人間は水でも食物でも凡て口から喰ふのだから須《すべから》く口を大きく開いて宇宙の靈氣をウンと喰へそして鼻から吐《は》き出すのは、鼻は煙突《えんとつ》の如く細長いから之を煙突に象《かたど》り喰つた殘りは煙突からスウーッと出せばよい、精神主義者たる者が黴菌などを恐れてドウする』と說明して居ります。之は一寸一理ある說明ではありますが、然し又鼻から息を吸ふ時は、

一、空氣が鼻の毛や粘膜によつて濾過《ろくわ》され黴菌の侵入を防ぐ、

二、空氣に濕《しめり》を與へると共に温度が調節される、と云ふ便があります。そこで洗心流は安全第一主義をとつて、陽氣吸集法を除く以外は凡て鼻から吸息することにしてゐます。息を吐く場合、深い呼吸は鼻の粘膜を損ずる虞がありますから口より吐き、静かな呼吸は專ら心身統一を目的とするもの故、口から吐くとすれば、口を開くと云ふことに幾分でも意識を用ひねばならぬから、此場合は鼻から吐くことにしてゐます。大體吾人の肉體で鼻は息をする道具、口は飲食物をとる道具、但し口は呼吸の非常口と定つてゐるのであります、平常非常口を開いて呼吸してゐる人間は、鼻に疾患のある人は例外として、馬鹿か低能と相場がきまつてゐます。

4、充力について

呼吸をする時に力を入れるべきや否やについては二三議論がありますが、概して言へば身體無病の者は息を吸ふと共に力を入れるのが良く、病弱者は力を入れてはなりませぬ。某式では『臍が上を向けば靜坐の一里塚に達した』として腹力を養成することを鼓吹しウム〳〵と力む呼吸法をやつてゐますが、餘り腹に力を入れますと、脂肪が下腹部に停滯して下腹部の病氣にかゝることが多くなり、又人によつては動脈硬化症を起すことがありますから感心しませぬ。然し足心腰脚に力を籠める呼吸法を旺んに行へば短時日で體量を增加（但し某式の如く一週間や十日の講習で一貫目も二貫目も增加するとは申されぬ）することは事實でありますから、本會では巧に之を取捨撰擇して組織してゐます。要するに我田引水のやうではありますが、本會の方法は物心兩面から仔細に考察し、多數の人々に實驗の上で公開するものでありますから、聊かの弊害も伴はないと云ふことだけは斷言出來るのであります。

（四）正　坐　法

呼吸は行住坐臥何時行つてもよろしいが正坐して行ふのを本則とし、又最も有効であります。正坐法とは、座蒲團を敷き普通の正しい坐《すは》り方で座につく。その時膝頭《ひざ》は握り拳が二つ位入る程度に開き、足は左右の拇指が重なり合ふ程度で組みます。そして兩踵《かゞと》の間に臀部《しり》を落着け、體は前後左右に傾かぬやうにマッスグにし、顎《あご》を引きつけ眼を閉ぢる。水窩《みづをち》は餘り張出すとよろしくないから稍凹ますやうに構へる。手の組み方にも古來から二三の方式がありますが、本會では、拇指《おやゆび》を中に握つて（拇指を雜念に象《かたど》り四指で押へてしまふ心持）膝の中程に置く。そして此正坐をする時には必ず衣服を緩《ゆるや》かにしてをくことが必要であつて、あまり窮屈な姿勢で固くなつて坐るのはいけませぬ。正坐して直ぐ足が痛くなる人は（馴れるに隨つて痛くないやうにはなりますが）椅子《いす》に腰かけて前記の如く體をマッスグにして着手してもよろしい。獨逸の醫學會を初め諸所の學者の發表によれば、不良な姿勢から病氣を發することが甚だ多いと申しますが（詳細は第六卷靈壓法參照）其整體法としても正坐法は好適であります。さて前記の姿勢が整へば愈々實習に移るのであります。

疾病乃至周圍の都合で寢たまゝ行はれる場合には、枕をはづし、仰臥して徐々に行ふのであります。

(五)胸式吐納法

鼻より吸息しながら、膝の上の兩手を左右の乳の所迄引上げ(之は胸を擴張するために行ふ、故に手を引き上げる速度と息を吸ふ速度とは合致することが大切)更に躰も少しく後反《そりみ》しながら吸へる限り吸ひ込みます。但し之は胸部のみの吐納法につき決して腹部へは吸息してはなりませぬ。寧ろ腹部は凹してをくがよろしい。

吸へるだけ吸つたならば息を止めずに直に口を開いて息を吐くと共に手を膝の上に下し、體を前屈し胸を狹めてスッカリ吐いてしまふ。そして更に吸息に移るのであります。此吐納法は極端でありますから二十回と制限し、二十回がす

胸式吐納法

めば次の丹田式吐納法に移ります。但し呼吸器に疾患ある者は胸式を省き、次の丹田式吐納法から始めるがよろしい。此胸式吐納法を二十回行ふ時は酸化作用旺盛となるを以て全身温熱を感じて快感を催し、元氣の全身に充實するを自覺するものであります。

（六）丹田式吐納法及胎息法

胸式は鼻より吸ふて口から吐きましたが、丹田式では鼻より吸息し同じく鼻より呼息するのであります。胸式は動的であり之は靜的であります。先づ鼻より徐々に吸息しながら、胸は少しも張らずに、下腹部にズウッと吸ひ込む態度になります。約八分目程度迄吸ふたならば、直ちに又鼻から緩々《ゆるく》として吐き出し乍ら少しく下腹部を凹ませてゆく。決して上腹部を凹凸させてはなりませぬ大體丹田には上、中　下の別があり、就中下丹田は臍の下一寸五分とも二寸とも云はれてゐますが（下腹部を裸出して仰臥し手掌を當て、上半身を起すやうにすれば少し凹む所がある、其處が下丹田であつて、此部分は交感神經の幹節《かんせつ》部に當り、靈氣常に充實し健康と靈能の源泉をなす。氣海と云ふのは臍の周圍のこと）此部分を中心にして行ふのが丹田式吐納法であります。呼吸の際にフウとかハアーとか云ふ音がするやうでは呼吸の仕方が麁《あら》いです、と云つて苦しさを堪へてまで靜にする必要はありませぬ。要するに普通の呼吸の少しく長く規則的になつたものであります。そして呼吸する毎に一回二回三回四回と算《かぞ》へてゆき、十回二十回と進んで百回迄かぞへ、百に達したならば再び一に戻って算へ、これを何回となく繰返します。算へ方は息を吸ふて吐いて一とし、更に吸ふて吐いて二、と云ふ具合に數へてゆくのであります。

百、二百、三百、四百と吐納法を行ふことを暫くの期間續けてゐると、多くの場合呼吸は回を重ねると共に次第に靜になり、淺くなり、息があるか無いか分らぬやうになり（之が進めば胎息とて所謂八萬四千の毛竅呼吸となる）たゞ丹田のみが微かに呼吸してゐるかの如くなり、精神全く統一して、生も死も地獄も極樂も、悉くが打つて一丸とせられたる萬境萬物無差別の境に到り、かの白隱禪師の夜船閑話にある『一息よりかぞへて十に到り十よりかぞへて百に到り百よりかぞへ放ちて千に到りて、此身忽然《こつねん》として此心寂然たること虛空《こくう》に等し斯の如くなること久しくして一息自ら止まり、出でず入らざる時、此息八萬四千の毛孔より雲蒸《くもむ》し霧起るが如く、無始劫《むしごう》以來の諸病自ら除き、諸障自然に除滅することを明悟せん、たとへば盲人の忽然として眼の開くるが如けん――』と云ふやうな境に到達することが出來、心身の調適なることを譬ふるに物なくかの佛敎の滅盡定《めつじんぢやう》や（禪定では無想定、滅盡定の二種に區分し、無想定とは淺い程度の無我境を指して云ふのであります）瑜伽《よおが》の三昧地の境と云ふのも畢竟此境であります。時によつては突然何物かの聲が聞えたり、遠い所の事物が眼前に映じたり、自分が常々疑問に思つてゐる事項がパッと明解したり、所謂透視覺靈感能力が出現することもあります。

呼吸の數をかぞへてゐるうちに精神恍惚として遂に其數を忘れることがありますが、その場合は一に戻つて數へ直してもよく、又數ふることに厭《あ》いた場合は、出入の息に意を止めるのみで數を讀まなくてもよろしい。又實習中眠りを催した場合には、閉ぢてゐる眼を開き何物かを凝視し乍ら行ふことが必要であります。

丹田式吐納法は少くとも十分間以上は行ふ必要があります。先づ二三十分位がよろしい。そして此丹田式を行ふ前には必ず胸式吐納法を二十回行はねばなりませぬ。

（七）観念式吐納法

吾人には顕在《けんざい》、潜存《せんざい》の二つの意識があります。何れ巻を重ねるに随つて詳しく説明してゆくことではありますが、之を約言すれば、人間には顕在意識とて視覺、聽覺、嗅覺《しうかく》、味覺、觸覺の所謂五官の作用があり、之が各々物を視《み》、音を聽《き》き、臭を嗅《か》ぎ、味を知り、物に觸れて知り、更に之れを意思が命令し統一してゐるのであります。之は今更吾人が言ふ迄もなく萬人熟知のことでありますが、尙此意識の他に潜在意識と言ふ隠れた意識があります。此潜在意識は非常にデリグートな作用を有してゐて、之を巧みに利用すれば難病性癖の治療などは易々たるもので、更に金剛力を現はしたり其他の奇蹟を平氣で演じたりしますが、又一歩誤つて之を惡用すれば病氣になり、惡癖に苦しむやうなことにもなります。例へば赤面癖の如きは、顯在意識では『決して赤面はせぬ、逆上はせぬ』と一所懸命に努力してゐるのでありますが、さう思へば思ふ程其反對に餘計に赤面してきますが、之れ即ち潜在意識の作用する所であります。現代靈界に諸種の靈術が唱道せられてゐますが、其研究の目的の大半は此潜在意識の利用法に存するのであります。江間俊一氏が第六識第七識と稱し、某會で第二自我第三自我と云ふのも、世俗に腹の蟲などと云ふのも何れも潜在意識の別名であります。

觀念式吐納法とは、丹田式吐納法と同一《おなじ》型式《かた》のもとに呼吸し乍ら、息を算ふる代りに一の觀念を凝らし、それを潜在意識に植ゑつけて實現を企てんとする吐納法であります。隨つて心身の改善に偉大なる効を奏することは言を俟ちませぬ。述者が幼年時代の病弱を一掃したのも主として本法に據つたものであります。

たとへば、之を健康増進の上に應用しやうと思へば、靜に吸息し乍ら『宇宙に充滿せる靈氣丹田に集中し、全身各神經に分布され血管筋肉臟器等を刺戟し其機能旺盛となる』と觀念《おもひをこらし》し、息を吐く時には『病弱の原因たる邪氣汚氣は呼氣と共にスッカリ拔け去る』と觀念し、再び之を繰返し、かくして十分間以上之を行ふのであります。或は煩悶解決に應用するには『一呼一吸我が頭腦を清涼

觀念式吐納法

ならしめ、悲哀憤怒の念はスッカリ抜け去りつゝある」と云ふ工合にやり中風患者ならば『靈氣丹田に集中し、全身の血液筋肉臓器一切に作用し、枯死せる神經活生し、手足はズン〳〵動き出す』と云ふ工合に、其他之に準じて行へばよいのであります。

所で既に疾病を有する人で實行上根氣の續かぬ人や、又は觀念法未熟の初心の方に前記のやうな複雜な思念は少し六ケ敷いやうに思はれるから、此處にモット簡單な方法を述べてをきます。抑々觀念法の極意とする所は、理論的に餘り複雜な文句を用ひたり、精神を無理に集注したりする事は禁物であつて、且つ常に消極的な思念を排して積極的な思念を持することが必要であります。たとへば『病は惡化しない』と云ふやうな思念は消極的であつて『モハヤ治癒しつゝある』と云ふ思念が積極的であります。

さて方法は、前記の如く、靈氣が全身に充滿して神經血管臓器等の凡てに作用すると云ふ根本的理解が出來てから着手するのであります。愈々着手に際しては、病患部に手を當てながら呼吸して下さい。そして身心共にスッカリ力を拔いてボンヤリと構へ、息を吸ふ時に靈氣集注々々々々と二三回宛思念して下さい。それだけでドンナ難病にも有効であります。感應の起つた證據として患部に當てた手が非常に熱くなつてくるものです。手は成可く皮膚直接に、胃の惡い人なら胃の上に、頭の惡い人なら頭に當てるやうにし、一旦接着した手は中途で離してはなりませぬ。

これくらいのことで疾病治療が能きるものかと疑はるゝ方があるかも知れませぬが、尠くとも靈氣の作用と觀念の偉力を理解された方には何の不思議もないことゝ存じます。世上に行はれてゐる呼吸法を觀まするに、ドウも生理的効果にのみ拘泥して行はれてゐるやうで、靈的乃至心理的に應用すべき道が閑却されてゐます。本會の唱道する靈氣吐納法も、一片の肉體的鍛錬法ぐらひに考へて行ふ人にはソレ相應の肉體的所得しか擧がりませぬ。鰯の頭も信心からと申すとほり、靈術の極意と云ふものは念の一字に盡《つき》るのであります。確信なくして十回行ふよりも、確信のもとに斷行する一回の方が遙に勝《まさ》つてゐます。ですから靈氣吐納法の如きも、單に血液の循環が良くなるとか、神經が刺戟されるからと云ふやうな生理一遍の觀察に止まらず、心身相關の理により調身は卽ち心理上の作能を究めることになり、かくして洗心淨體のもとに吾人本具の靈能を發揮せんとの心掛けこそ望ましいのであります。

(八)體力增進法

本法は無病の人に限り行ふべき吐納法であつて、充力法、肥滿法として効があります。故に性來蒲柳《ほりゆう》の質を嘆く人之を行へば體重を增加し、武術家、スポーツマン等が之を行へば力量增進法となります。但し體質虛弱の者や病氣を有する人は避けた方がよろしい。

先づ仰臥します。枕は用ひませぬ。體を眞直に伸ばし、兩脚は踵《かゞと》を合せて足先を開き、兩手は拇指を中にして握拳を作り、胸部側面に當てがひます。次に鼻から力一杯吸息すると共に腹部腰部にウーンと力を入れ脊が床《ゆか》から二三寸以上離れる程度迄反身《そりみ》になります。更に頭部及握拳《こぶし》に力を入れ、苦しくなれば口からフウーッと息を吐くと共に全身の力を抜き去ります。之を一回の實習に二十回行ひます。起床後とか就寢前に行ふとよろしい。

(九) 陽氣吸集法

之は本會獨特の神傳の靈法であります。晴天の早朝、洗面後東方太陽に向つて直立します。先づ足は左右に一尺程開いて立ち、兩手を前方に差伸し、掌面《てのひら》を太陽に向け、左右の拇指《おやゆび》の先端を接し、更に左右の食指《ひとさし》の先端を接合する時は三角形が出來ます。其三角形の中を透して太陽を凝視し乍ら（斯うしてみればマブシキことなし）口をつぼめてスウーと下腹部に向つて太陽の光線、即ち陽氣を吸集します。そして腹一杯になつたならば頭を下げて地上にハアーと口から息を吐き出す。吸息の時には陽氣を充分に喰ふとの（本法は仙人の氣食法と同類のものに付き、單に吸息として行つては不可）觀念を持し、呼息の際は汚氣邪氣を吐出す觀念のもとに行へば最もよろしい。一回の行數は二十回とします。起床後至極簡單に出來、而も効果多大の便法であります。

黒住敎あたりでも、御陽氣を戴くと稱し、左右の手で口中へ陽氣を送り込むやうな形式のもとに行つてゐますが、慥に陽氣を吸へば健康上に良結果を齎す所が多いのであります。唯物論者から見れば陽氣だの陰氣だの云ふことは迷信視され、且つ之を分解して酸素、紫外光線、窒素、オゾン等の數種に歸結してしまふのでありませうが、古來より東及南は陽氣（生氣）、西及北は陰氣（死氣）としたものであります。ですから俗間に於ても東方に向つて寢る時は健康になると云はれ、死者は北向に枕をとつてゐます。或は又東海日出國《ごうかいひいづるくに》とか西方寂滅と云ふやうな語句が多々ある所から推《お》しても、頭《てん》から迷信として葬るのも寒心な次第であります。殊に太陽にいたつては萬有生命の根元であつて、物咸《みな》太陽に向つて榮え、太陽に背いて衰へ、或は神道の方では之を天照大神の御神德として崇敬してゐます。如何なる人でも太陽に直面する時、邪思妄念は自ら影をひそめ、心中の淸涼を感ずるものであります。之等の物心靈の三理に亘る太陽の功德《くどく》を綜合して肖《あやか》らんとするもの即ち陽氣吸集法であります。

(十)氣　合　法

氣合の定義及かけ方治療法等は第三卷に詳述して居りますから此處には省略し、氣合の練習法のみを謹述しておきます。

先づ直立の姿勢をとり、右足を少しと前に踏み出し、左手は左横腹に附け、右手は食指中指の二本を伸ばして他を曲げ之を大上段に振上げ、下腹部に充分吸息し、腹中より發する大喝、メーイと一聲すると同時に右足を大きく前進し

（左足も續いて前進）體をグッと前に屈め右手の手刀を切下すのであります。以上の動作とメエーイの發聲とは必ずピッタリと一致せねばなりませぬ。斯うして一回の發聲が終れば、更に充分吸息し、再び姿勢を整へメエーイと發聲し、之を一回の練習に二十回内外發聲します。山上や瀑布《たき》の前面に於て十日程練習を續ければピリッ〳〵と反響する鋭い氣合となります。然し同等に練習しても其人元來の聲量の關係もあつて幾分の强弱は免れぬ所でありますが、上述の丹田式吐納法等によつて腹力と呼吸の調節の出來た人には底力のある氣合が出來ます。

本會の氣合は必ずメエーイと少し長く引くやうにかけるのであつて、エイとかヤッとかカッとか云ふ短いのでは駄目であります。

本會が特にメエーイと發聲するのは、チヤンと理由があります。普通擊劍の練習中にかけるやうなエイエイと云ふ短い氣合では、イザ實戰の場合、决して相手を胴斬り、唐竹割り、袈裟斬り等の大業《おゝわざ》にかけることは能きないのであります。やはり此場合にはエーイと云ふ長い强い氣合が不知《しらず》不識《しらず》の裡に出てくるのであります。尤も本會でも、不動の金縛りや、足止めなど瞬間的に先方を感應せしむる必要ある場合にはメイと短强に發聲することもありますが、普通メーイと長くかけます。

御承知のことゝは思ひますが、メ音は五十音中でも非常に强く入耳に響く開口音で、イ音は結びつける合口音。即ち之れを形に示せば根元が太くして先端が尖つてゐるのでありますから最も鋭く先方に直達するの道理。又メーイと云ふ音を文字にあてはめてみますと、命、迷、冥、名、明、盟、銘、謎等に通じ氣合の功德によつて一命を救ふとか、一喝よく清明な心境に誘導するとか、迷靈を安らかに冥目せしむるとか、どの文字にも至極ふさはしい意義が通ずるのであります。

第四章　凝氣法

(一)殘像凝氣法

暗室に於て一本のローソクに點火し、二三尺を隔て其焰を熱心に凝視することと約二分間にして閉目すると、焰やローソクの殘像が浮出してくるものでありますこれがハッキリ浮き出るやう何回も練習し、更に點火せる電球とか、水晶球の如き發光體のもので練習を積むのであります。此練習は餘り長時間行ふと神經衰弱を來すことがありますから、一回の實習を十分迄と制限する必要があります。初めのうちは中々ハッキリ出てきませぬ。青や赤の火が出たり、小さい光が見えたり、殘像が出ても動き廻つたり色々人によつて異りますが、次第に原形のまゝが冥目せる前方に浮ぶやうになりますから、今度は發光體でない物品を用ひて練習します。例へば本や箱のやうな物が冥目中浮出て來る迄行ひます。之を熱心に行つて居りますと、觀念の集注が容易に能きるやうになり先天的に靈能の豊富な者は、本法によつて透視能力を發揮し得るものであります。(此場合は箱の中の物品でも、遠方の風景でも思念に應じて冥目せる彼方に浮出してくる)又本法に熟達した人は、池中に密集せる金魚の數や、街燈の數を

殘像凝氣法實習

間違ひなく算ふることが能きます。此場合には一眼見たならば直に閉眼して其殘像を數ふれば間違ひなくゆくものであります。開眼のまゝではチラ〳〵して

うまく數えることができませぬ。尙本法は後章の光明觀想法や念寫の基本修行となります。

(二)算秒凝氣法

之は一定不變の音に精神を凝集する練習であります。音と云つても遲速細大種々樣々でありますが、最も適當なのは時計の秒音であります。懷中時計では少し不適當ですから柱時計を撰んで下さい。先づ正坐冥目の姿勢をとり(或は椅子でも仰臥でもよい)コッチ〳〵と云ふ秒音に凝つと心耳をすませます。別に音を算へなくともよろしいからヂッと一心一向に聽くことが必要であります動ともすれば雜念のために聽音することを忘れますからヨク注意して下さい。此練習は一回の實習で少くとも二十分間以上行はなければなりませぬ。少々の雜念は起つても時計の音が耳から離れなければ先づ成功であります。何回も行つてゐるうちに全く時計の音と一枚となつて、丁度吐納法に於ける胎息の如き状態となりますから、かくなれば無念無想であります。

以上の方法が完結すれば、今度は時計の秒音が微に聞えるくらいの所に坐し微な音は段々大きく聞えてくると思念しながら、聴音するのであります。すると次第に微な音が大きく聞えてくるやうになりますから、其域に達すれば更に自分の近くに一個の時計を置き、數間を隔てた向ふに一個の時計を置き、遠方の時計に注意して聴音し、近くの時計に注意を奪はれることなく、遠方の時計の音のみ明瞭に聞えるに到れば成功です。愈々極致に到つて觀自在を得れば、初め百迄音を數へ、次の百は全々音響から遠ざかり、更に聴音し、再び忘却し斯うして聴、不聴を自由自在にするに到れば算秒凝氣法は完成であつて、随つて觀念の凝集意の如くなり、精神感應術の極意に達し、日常の煩悶疾病は影を潜め腦力の増進驚くべきものがあります。勿論此完成の域には直に何人もが成り得るものではありませぬから、日日の修業を以てヨシ此域に達し得なくとも決して悲觀せず、適宜諸法を交々《こも〳〵》行つて頂きたいのであります。

元來音聲は古來から言靈《ことだま》、音靈《おとだま》などと云つて非常に奇《く》しびな作用のあるものとされてゐます。隨つて音によつて精神統一に入ることは速達の祕訣であります。首楞嚴經《しゆれうごんきやう》にも五根の中でも、耳根から禪定に入るのを以て最も捷徑と說いて居ります。僅か一個のヴアイオリンでも完《まつた》く調子に合すれば彼のセーヌの鐵橋を墜落させることも出來ると申します。音樂會に於て屢々二階三階等の墜落するを見受けますが、その原因は大衆が一の音曲にピッタリと統一された刹那俄に重量を增し俄然墜落を見るに至るのであります。あの未明の空に響く梵鐘の音は汎く人心を淨化し、吾人の靈力充實せる一喝はヨク死靈邪靈を退散成佛せしめ、笑聲は福の神を招き、ドッシリとした音聲の持主は開運するものであります、之皆音靈言靈の力であります。

第五章　観想法

(一)洗心默想法

洗心默想法とは、世に所謂反省法のことであります。靈能開發の第一導火線となるものは實に各人の精神の清濁如何であつて、高潔なる精神の所有者にして初めて眞の靈能開發を見るのであります。たとへ此原則に反する實例がありましても、それは一時的現象に過ぎませぬ。凡ゆる奇蹟を演ずることが出來ても術者自身は絶えず不幸に見舞はれて零落の淵にしづむと云ふ有様であります。世に他人の病氣は治し得ても自己の病氣は治らぬとか、他人の運命については或程度迄豫言し得るも自己は常に貧窮不幸の境遇から脱することが出來ないと云ふやうな靈能者を見受けますが、之等は正心先導となつての心靈力開發でなく眞の靈能發揮ではありませぬ。多く邪靈と感合せる人々であります。眞正なる靈能の開發者には不幸も轉じて幸福となり、開運は期せずして得られるものであります。殊に後述する鎮魂法や神人合一法は神傳の靈法なれば、其修行者は宜敷私念私慾を離れて着手すべきもので、又之等諸法に據つて高級の神々と感合するに及んで益々修養の必要を痛感するに到るものであります。

さて洗心默想法を行ふには、就寢前床上に靜坐をなし、兩掌を上に向けて膝の上に置き、丹田式吐納法を（但し呼吸を數ふる必要なし）行ひ乍ら、徐に默想を凝して今日一日自己の行つたことを反省してみて、良いと思ふことがあれば右手の指を一本折り、惡いと思ふことは左手の指を折り、斯して次から次へと數へてゆきます。そうして善行の方が多い場合には今後益々善行を積むべく自己暗示し、惡事の勝つた場合には其一つ〳〵について、何故に行つたか、ドウいふ利益があつたかなどと仔細に吟味してゆき、今後再び繰返さざる事を自己暗示するのであります。修行が次第に進むに隨つて起つも坐るも遊ぶも法に適ひ一々コンな型式をとらなくとも、善悪進退は自ら明白になつて參ります。

(二)淨身觀想法

淨身觀想法とは、靜室に坐し、自己の一身は今百花爛漫たる春の野邊にありとか、或は清流滾々《こんこん》たる仙境に身を浸してゐるといふやうな觀想を行ふのであります。初學の士には觀想法はやゝ難解の嫌ひがありますから、靈氣吐納法等によつて觀念の集注力を養成した上で着手せらるゝがよろしい。此淨身觀想法も眞に念想三昧に入れば單なる假想に止まらず、水中に在りと觀想すれば方に水中に在るが如く感觸し、眼を開けば清水四邊に充溢して居ります。ヨク三伏の暑熱を忘れ、煩悶を忘れ、宛然《さながら》仙境に遊ぶの心地が致します。

(三)仙藥觀想法

仙藥觀想法とは、自己の頭上に一個の藥物があつて、其藥味が頭上から足先迄浸透すると云ふやうな觀を行ひ、心身を快適とする妙法であります。此觀法については、白隠禪師が白河の白幽道人から傳へ受けられた輭酥《せんそ》の觀法が有名でありますから、『夜船閑話』の一節を左に抜記します。

白幽道人曰く——行者定中四大調和せず、心身共に勞疲することを覺せば、心を起してまさに此想をなすべし。たとへば色香淸淨の輭酥（牛羊の乳酪で作つた膏藥）鴨卵大のもの頭上に頓在せんに、其氣味微妙にして遍く頭顱の間を濕し、浸々として潤下し來つて兩肩及び双臂兩乳、胸隔の間、肺肝腸胃背梁臀骨、次第に括注し持ち去る。此時に當つて胸中の五積六聚疝癖塊痛、心に隨ひ降下すること水の低きにつくが如く歷々として聲あり、遍身を周流し双脚を濕し、足心に到つて即ち止む。行者再び此觀をなすべしかの浸々として潤下する所の餘流、積り湛へて暖め浸すこと恰も世の良醫の種々妙香の藥物を集めこれを煎湯して浴盤の中に盛り湛へて我が臍輪以下をつけ浸すが如し。此觀をなす時、唯心の所現の故に鼻根さながら稀有の香氣を聞き、身根俄かに妙好の輭觸をうく。身心調適なること百歲を經ると雖も二三十歲の時に遙かに勝れり、此時に當つて積聚を消融し腸胃を調和し、覺えず膚光澤を生ず、もしそれつとめて怠らずんば何れの病か治せざらん、いづれの德か積まざらん、いづれの仙か成せざる、いづれの道か成せざる、其功德は行人の進修の精粗によらんのみ。

(四)光明觀想法

光明觀想法（透視能力發揮法）とは、暗室に正坐冥目、丹田式吐納法を行つて精神を統一し、觀念を凝し前方に光明を認むべしと思念するのであります。是を一回二十分以上宛行ずること一週間乃至三週間もすれば、冥目せる前方に一点の光明を認むるに至ります。光明出現の狀態は人によつて異り、五錢白銅ぐらゐの光もあり、二錢銅貨ぐらゐのものもあり、最初から目の前一体が、白光場面となることもあります。光明がボッリと見ゆる樣になれば、其光明が益病患部々擴張することを觀念する。すると遂には眼前一帶が白光場面となり、でも箱中の物品でも、將又遠隔地の人物風景でも思念に應じて其白光場面に出現するやうになり、或は暗夜に於て事物を識別することが出來る樣になりまする。元來透視法は後天の修業よりも、先天的の能力によることが多いものですから、もし本法を三週間ばかり熱心に修しても白光の出ぬ人は能力の無い人でありまする。たとへ透視能力は不幸にして出現せずとも、本法の實習が念力養成に及ぼす効は甚大であつて、其努力を償つて餘りありと云ふべきでせう。

(五)聽音觀想法

聽音觀想法（千里耳發揮法）とは前述の算秒凝氣法の進んだものでありまする静かな一室を選んで正坐し丹田式吐納法によつて精神の統一を行ひ乍ら何か一つの音を求め（時計の音、水の流れる音、讀經の音、風の音）等其音のハッキリ聞える樣に觀念をこらすことを練習すれば、小さな音でも大きく聞える樣になり、遂には何の何某の話して居ることが聞えると思念する時は、たとへ幾十百里隔てた所のことでも微に心耳に感ずるのであります。

抑々吾人は宇宙の一分身であります。我等の精神は宇宙大精神の一分派であります。ですから精神を統一して宇宙大精神と平等一枚となる時は、眼を介し耳を介し、或は五感の綜合力によつて、宇宙間の事は距離の遠近、障碍物の如何に關らず感知することができるのであります。

（六）錯覺觀想法

錯覺觀想法とは、六角乃至八角な物體を見詰めて『丸く見える』『是は丸い物體である』と觀想するのであります。これに成功すれば一個の小物體を見詰めながら『大きく見える』と觀念をこらす。すると小さい品物も大きく見えてきます。本法に熟達する時は、自分の手掌を膝の上に置いて凝視し乍ら大きく見える〻〻〻と觀想する時は、手掌が座敷一杯に擴がつて見えます。

更に進んできますと、一本の箸を握つて燒火箸なりと觀想することや、塩を口中に入れて甘いと觀念し、重い物體を持つて輕いと觀念し、暑中に涼しいと觀念し、所謂觀自在の境地に到るのであります。

（七）修行に要する日數

以上を以て洗心流精神統一法は完結したのでありますが（更に後篇の神傳靈術の實習に進まるゝも可）上記の方法全部を一日に行へと云ふのではありませぬ。何しろ靈氣吐納法のみでも數種の方法があるのですから、到底全部の方法を一時に練習することは不可能であります。各自好適と思はるゝものを一法か二法專修せらるゝか、又は諸法を交々行はれるもよろしい。各法とも型式こそ異にすれ、目的は一貫したものでありますから、數種の法を併用するとも決して矛盾を來すことなく、又一法に要領を悟得すれば他法も自ら出來てくるものであります。

世には一法のみを修行する流派があつて、それらの方法より見れば本會の方法は複雜の感あるも、人おの〳〵其性を異にして居る如く、靈的修行の如きも眼を利用して統一に入るのが早い人もあれば、聽覺を利用して容易に通達する人もあり、之を萬人一樣に同一の方法を强るのは決して策を得たものではありませぬ。

さて靈能開發の初期に到達するには大體如何程の日數を要するかと申しますに、從來本部道場に於ける實地指導では數日にして何人も的確に要領を捕捉し諸種の實驗に好成績を示してゐますが、通信獨習ならば每日業務の閑暇を利用して三十分內外宛修行するとして、先づ十日間乃至一二ヶ月で一通りの實驗に成功します。稀には着手後二三日にして大靈能を現はす人や、反對に三四ヶ月も要する人もあります。元來が無形のもの故、モハヤ修行は完結したと云ふやうなことはありませぬ。人の一生は通じて修養の時代であり、修行しては悟り悟つては更に一段と修行を重ねると云ふ具合に、一生の事業として着手すべきものと信じます。斯云ふ述者《わたくし》とて未だ修行の途中にある一若輩で、今後の大成を期して毎日修行に餘念なく精進《せうじん》してゐる次第であります。

修行の量は敢て多きを要しませぬ。業務多端の人は其餘暇で結構です。倦まず撓まず續けることが最も大切であります。一時間坐れば一時間の功德《くどく》あり、拾分間行へば十分間の功德あり、一分でも一秒でもソレ相應に心身の培《つちか》ひとなつてゆきます。希くは諸賢、單に治病のためとか奇術を演ずるためと云ふ樣な小目的のための修行でなく、よく眞意を汲まれて緊褌一番《きんこんいちはん》！大勇猛心を奮起して一途《いちづ》に靈道に勤《いそし》まれんことを切望して本篇を擱き、愈々應用部門たる精神感應術の講述に進んで行きませう。

第貳編　精神感應術

第一章　精神感應術解說

(一)觀念力發動の妙術

諸流靈術を初め各派の宗教に於ける奇蹟といふやうな點を考察しまするに、多少の例外はあるとしても其大半は觀念の偉力に歸結することが出來ます。たとへば催眠術を應用して病氣を治療し、惡癖を矯正すると云ふのも、結局被術者の觀念の上に立脚して術者の暗示が奏効するのであります。或は心靈術の極至たる我國古傳の鎭魂法を後篇に詳述して居りますが、これとて觀念力の發動法たるに他なりませぬ。又密教の如きは純然たる觀念力發動法で『一見五逆消滅』と説くかと思へば『觀念六十度に達すれば瓦塊《ぐわかい》を變じて金玉となし得べし』などと大いに觀念の偉力を讃へてゐます。其の他禪宗で行ふ種々の觀想法や淨土眞宗で信念成佛といふのもそれであります。印度の瑜伽は心靈發動を觀念の三昧地《さまぢ》と見做し、支那の神卍《かうまんじ》の怪も識下の識即ちビネー氏の言ふメンタル・ポッシビリティーの内觀作用に他なりませぬ。

本會の唱道する精神感應術も亦觀念力應用の靈術に他なりませぬ。言語や文章や其他五官の力を直接借らずして、思ひつめたことを自他の心身上に實現せんとする術であります。元來精神感應術と云ふ名稱は、フレデリック・マイアーズ氏の提唱にかゝはる Telepathy《テレパシー》 の譯語を採つたものであります。そして本法の特徴とする所は、從來の觀法なるものが、餘程の根氣を以て熱心に修するのでない限り容易に要領を捕捉することが能きないと云ふ傾向があるのを遺憾として、極めて漸進的、入術的に、何人にも直に着手し成功し得るやう工夫してある點であります。

（二）否定論者への呈言（科學と靈學の握手）

吾人の念力が自己以外の他人や動物や無生物にまで、何等の物質的媒介物《なかだち》無くして傳達されるものであるか否かと云ふことについては、今日迄唯物唯心兩派の互に論爭しつゝある所でありますが、我國に於ては旣に明治年間、文學博士福來友吉氏や文學士村上辰午郎氏、桑原俊郎氏等は眞先《まつさき》に本現象の存在することを力說せられたのであります。中でも福來博士の如きは、念寫及透視の實驗を紹介し、ために當時の學界に一大波紋を起し、嘗っては狂人番附の關脇に迄擧げられた氏が、時日の進運と共に、その功績は酬ゐられ、先般世界心靈大會席上に於て、數十ヶ國の心靈學者に對して念寫の紹介に成功せられたのであります。

歐米諸國に於ては十九世紀の後半より猛烈な勢で心靈現象の（心靈現象とは死後の問題、靈界の消息、交靈、千里眼、幽靈寫眞、精神感應等の諸種の靈怪現象の總稱）研究が勃發し、精神感應現象の如きも、フレデリック・マイアーズ、オリバー・ロッヂ、ヘレワード・カーリントン、ヘンリー・シヂウイックウイリアム・クルックス、ウイリアム・ジェームス等の著名なる學者諸氏の續々研究する所となり、いづれも熱心なる研究の結果、本現象の確實なることを主張してゐます。かの觀察の精緻を以て有名なポッドモーア氏の如きも、精神感應現象は最も信頼あるものとして其存在を首肯して居ります。

然し乍ら從來の唯物學的見地より一歩も出ることの能きぬ人々は、此現象はモトより一切の心靈現象を、偶然であるとか、精神異狀者の幻覺か錯覺ぐらゐの簡單なる結論を與へ、其存在を斷然否認して居るのであります。しかし之も唯物的時代の敎育をうけた人として無理からぬ次第ではありますが、今少しく事實と云ふことを念頭に置いて、徒に『喰はず嫌ひ』式の批判を下すことを愼むべきが當然だらうと思ふのであります。

精神感應の事實は今更申すまでもないことで、之を僅に本會の道場に於ける講習生諸君の實驗に徵しても明かであります。自感法によつて手足を不隨不動にしたり全身硬直にするぐらゐは何人にも直に能きることで、少しく上達してくればぱ心臟の皷動、脈搏、腸の蠕動《じゆごう》作用、分泌、血行等をも遲速自在とし、其奧堂に到らば身は一室に坐し乍ら千里の外に遊ぶこともできれば、或は迦陵頻迦のさえずり優曇華《うごんげ》の花咲く淨土に住することも能き、眞に心身無病、心裡自在、身邊無碍圓融、神氣湧然たるの境に達するのであります。更に他感法による時は一思念を以て他人の身體を倒し步行の方向を左右し、或は指定せる物品を拾はしめ物品の輕重を自在とし、數十百里外の病人を癒し惡人に病罰を與へる等々眼前の事實であります。更に古來より各地に傳はる實話傳說の類《たぐひ》をひもとく時は、出征地や旅行先で不慮の死を遂げた人が其生家や友人のもとに何等かの靈的手段によつて其死を告げたり、鰻や蛇や鷄を殺す商賣の家に其怨念とも見るべき不具者が出たり、呪ひ釘や犬神族水狐族等の呪ひの悪念が感應した等の幾多の事實を見聞しますが、之等の凡てを偶然だと虚僞だと片附けるには餘りにも都合の悪い程、證人や證據物件が現はれてきます。精神感應現象を否定する人々は、之等幾多の事實を如何にすべきでありませうか。

事實は最大の雄辯なりとか申しますが、これ實に千古萬古を通じての眞理であります。精神感應術は事實の上に立脚する靈術であります。ヨシ理論的方面に於て學術的に完成されて居なくとも、其故を以て事實をも否定することはできませぬ。メーテルリングも『出來るだけは理智を以て究めるもよいが、究めることのできぬものは唯信ぜよ』と喝破してゐます。百の理論、千の自賛も一の事實の前には何等の權威もありませぬ。嘗つて述者の友人某氏は、己が專攻する科學眼を以て獨斷し到る所で述者を悪口し攻撃して居たが、一日述者の公開實驗を見て忽ち熱心なる信者となつた事實があります。世には事の眞相を究めずして先入主せる智惠才覺を以て輕々に獨斷する人が極めて多いものであります。事實の證明を無視して自己の見聞のみを尺度として、それに合致せぬ總ては奇怪不思議の一語を以て否定し去るのはチト早計ではありますまいか。不思議と云ふ語はたゞ其理由が判らぬと云ふことを表はす語であつて、決して事實の有無を表はす言葉ではない。奇は奇にして事實なることが世間には澤山あります。科學者は森羅萬象を究めつくしたる如く思つてゐるかも知れませぬが貧弱なる人智を以て宇宙と云ふ大きな機械《からくり》の總てが測定されるものではありませぬ。

吾人の住む地球は其周圍約二萬四千哩もあると申しますが、此地球も宇宙の大より見れば實に一滴水の如きものであるかも知れませぬ。現代科學の計算によれば地球から一番遠い所にある恒星より發する光線が一秒間七萬五千里の怪速力で走り、而もそれが地球に到達するには二萬五千年を要すると云ひますから、如何に宇宙が宏大無邊であるかゞわかります。而し之は人間が全智を傾けて計算した最上のもので其先が無いと云ふのではない、わからない迄であります。反對に小は如何にと云ふに、千五百倍の顯微鏡によつて初めて認めることができる黴菌があり、更に其黴菌の毛に巣を作る小動物があると云ひます。それ以上小なるものが無いとは云へぬ。唯人智で分らぬ迄であります。實に大も小も無限であり其究めつくした所は結局人間にはわからぬのであります。よく人間の生命《いのち》の短いことをかげらうにたとへることがありますが、かげらうと云ふ蟲は朝に生れて夕に死すと云ひます。若し此蟲の眼より一日の暮れる有樣を見れば何といふでせうか。あゝ！天地は此處に盡きたりと絶叫するでせう。たとへかげらうの中に如何なる大學者があるとも、復《また》の十二時間後に旭光東天に輝き再び今日の世界が展開されるとは夢にも想像しないでせう。もしかげらう中の先覺者が晝夜の轉廻を論じたならば、彼の地動説を提唱したガリレオの如くに迫害を蒙ることは必然であります。

ある人は宇宙の始めは水であるとか、火であるとか、原子《アトム》の集合であるなどと宇宙の構成原理を喝破してゐます。しかしその水や火は如何にして存在するかと問へば最後はわかりますまい。有限の智識を以て無限の宇宙が解る筈がない。物質とは如何に、物力とは如何にと問へば科學者は唯其存在せる現象の説明に止まり、斯様なものが何故に、如何にして斯如くなつたかは説明することが出來ないのであります。ですから科學全盛の現代に於ても人生の疑問は頻々として起つてくるのであります。これは須く科學者や哲學者、靈學者が相協力して研究すべき問題で、要は世の唯物主義者たるもの今少しく眼界を廣くして公平なる研究を遂げて頂きたいのであります。現代の科學其ものが、既に昔の域を脱して、當に哲學と靈學の領域に肉迫しつゝあることを見逃しはなりませぬ。

見給へ、科學は次第に有形より無形に展開してゐます。たとへば醫藥は初め草根木皮より化學藥品となり、水藥の時代を經てエッキス線やラヂウムや放射療法萬能の世となる。或は昔日《せきじつ》の燈明の如きも、松火《たいまつ》となり蠟燭となり、水油石油の時代を經て瓦斯となり電氣となりました。今迄我々が針金一本で通信能きると驚いてゐた電信電話は何れも無線となり、一個の聲咳《せいがい》、一律の音樂もラヂオによつて毫も誤りなく傳送され、更に電送寫眞やトーキー迄が出現する時代となりました。我輩は物質主義者なり、藥を飮まずして病の癒る筈なし、油も火も用ひずして點火さるゝ理由なし、針金なくして通信能きる理由なしと如何に反對しても、事實日常市井《しせい》に於て使用され利用されつゝあるに到つてはたゞ默するより致方がありませぬ。抑々針金無くしてドウして通信ができるかと言ひますに、それは宇宙間に瀰漫せるエーテルと稱する五感に於て認めることのできぬ物質以上のものゝ波動によるのであると申します。物質論者は此エーテルをも物質なりと發表したいと思つて色々研究したけれども、どうしても實驗ができませぬ。是に於てか、世の學者先生等は曰く、宇宙萬有の根源は有か有に非ず、無か無に非ず、物質か物質に非ず、精神か精神に非ず、しからば何者ぞや、即ち混沌として名狀すべからざるものなりと。

一時地上の人類をして物質萬能を謳歌せしめたダルトンの物質不滅論（原子說）―即ち宇宙萬有の本源は酸素、炭素、水素、窒素、金、銀、と云ふやうな八十餘の元素から組織されてゐる。そして是等の元素の性質と云ふものは、水素は水素、炭素は炭素と絕對に各別個有の素質を有し、其大きさなり重量なり一々試驗管の中で實驗證明ができるのであります。此實驗證明のできぬものは一文半錢の價値もなく、彼等精神主義者が心靈の偉力や神の御利益を說き立てゝも、これが靈魂である、これが神であると一々摘み出すことはできぬではないか、畢竟するに一の偶像崇拜に過ぎない、痴人の思想上の遊戲に過ぎない、結局天の萬象、地の森羅は永久不變不滅の八十餘の元素の消長活動であるといふことになつたから、人心の墮落は急速力を以て暗黑のどん底へと突進し、世の人々は綺麗な着物を着て綺麗な家に住むことを以て最上とし、人倫は臺無しとなり、唯物主義の經濟學は築き上げられ、世の中は守錢奴と攻錢奴の爭鬪の巷と化し、反對に神だの心靈だのと云ふことは一顧の價値だに認められぬやうになつたのであります。あゝ此儘進めば幾何ならずして地上の全人類は懊惱の極に達することでありませう。しかし天の配劑は巧妙です。十九世紀の終りに至つて、電子及び放射能原素の發見に誘致された電子說が唱道せられたゝめに改造と建設と破壞が、凡てのものに新面目を與へて從來の舊科學を根底から覆滅し、當に科學は靈學と哲學の領域に迄突き進んできたのであります。即ち今迄宇宙萬有の根源とされた元素なるものは各獨立したものでなく總て陰電子と陽電子の組合せから成立して居つて、恰も太陽系の如く、陽核の周圍を陰電子がグル〳〵飛び廻つてゐるものであることがわかつたのであります。でありますから物質なるものは一切が不連續性のもので、丁度太陽の周圍を地球や他の星が廻轉してゐる如く、宏大なる大空洞の連鎖が物質であります。でありますから針金に電氣が通ずる理由も、人體から放射する靈氣が物質を浸透するわけも密閉したる金庫の中を透視出來るのも敢て不思議ではなくなつたのでありま す。凡ゆる心靈現象が科學的に立派に證明し得る黎明期に達したのであります。

大分冗論に亘りましたが、兎にも角にも精神感應現象の實在せる事は朧げながらも御會得下されたことゝ存じます。さて精神感應の事實は之を認めても俄に自己從來の主張を改變すると云ふことは一寸困難なことであります。然し眞理の前には潔く從來の主義主張を改變せらるゝこそ眞に男子的な態度でありま す。かの英國のブレイドや米國のクラウフォルド、伊國のロンブロゾー等の大學者は、何れも君子大人にして豹變したものであります。其人格の高潔なるは、かの飽迄非を遂げんとする頑迷者流とは固より同日の談ではありませぬ。彼は『プラトーンは吾師なり、されど眞理は更に偉大なり』との信念のもとに眞理を求むるには汲々たる大學者であります。其態度こそ吾人の學ぶべき所ではありますまいか。

(三)思想傳達に關する學説

念力傳達が事實でありとすれば、如何なる法則のもとに甲より乙に傳達されるのであらうかとは、當然起るべき疑問であります。是は既に多くの人々によつて種々なる説明が下されてゐますが、就中有力なのは波動説、憑靈説、精神遊離説、靈性の力説、心靈電氣説等であります。理屈ばかり竝べては諸君の倦怠《あき》を惹き、反つて修養の遲滯を來する憂がありますので、此處に最も有力なる波動説《ヴアイブレーションセオリー》について略解を試みませう。

普通吾々が甲より乙に思想を傳達するには物質を仲介として行ひます。即ち或思想が起ると其思想と併行して大腦が活動し、手の筋肉を動かして文字を現はし、咽喉に命令して發聲させます。其文字はヱーテルの波動によつて相手の眼の網膜を刺戟し、音聲は耳の鼓膜を刺戟し、それが相手の大腦に傳はり、大腦の神經細胞に微妙な活動が起り、其活動と併行して思想が起るのであります

精神感應術に於ては此物質的媒介物なくして甲より乙に傳達される場合が多いのであります。したがつて從來の科學によれば、何等の媒介物なくして甲より乙に傳想できるといふことはうけとれないのであります。そこで空中に音や光を傳ふるものがあると同樣に、吾人の思想を傳ふる靈波と云ふ無形物の存在を假定することができます。故にこれによつて說明すれば、甲の精神觀念の發起によつて微細なる腦細胞の震動が起り、その震動が空間の靈波に影響を及ぼし、靈波が、始め甲より發したのと同樣の活動を乙の腦細胞に傳へ、以つて無意識のうちに乙に對して一種の精神刺戟を與へ、遂に甲の觀念を乙が結果とし

て實現すると考へられるのであります。

しかして距離や隔障物等の物質的障害物は思想傳達の妨げにはなりませぬ。それは思想は空氣の中を通るのでなく、空氣の中に浸透してゐる靈波の中を通過するものであるからであります。したがつて思想の通過する道は到る處に開放せられ、人間の腦髓の如きは勿論、如何に密閉されたる室内にも浸入しますし何となれば思想の震動を媒介する靈波はどんなに密度の大きい物體にも浸透してゐるからであります。

(四)感應の法則

前記の波動説によれば、術者の念力が最も顯著に相手に感應するには、相手が何事も思つてゐない時(即ち腦震動が休止してゐる時)が最も良好と考へられます。即ちこれ他感法の實驗に際して、精神統一者や催眠狀態にある者を受《う》想者《けて》とする時が成績良好なる所以であります。しからば相手が何事かを思考しつゝある時は無効であるかと云ふに、前者に比してやゝ奏効は不良となりますが、術者の強き念力は、相手の微弱なる思想を壓倒して感應するものでありま す。

吾人が他感法によつて一事にのみ心力を波及する時は、念力は目的物にのみ專注され實現することゝ前述の如くでありますが、平素と雖も吾人の思想は其強弱良否に關らず宇宙の思想的雰圍氣に何等かの影響を及ぼしつゝあることは前記の理より推して知ることができます。かの殺人が行はれた室に入れば、何等の物的證據を見聞せずとも一種の殺氣を感じ、衆人悲嘆の塲に至れば忽ち悲哀の氣に打たれ、紅燈緑酒の巷に入れば先づ輕快な氣に打たれる等は何人も日常經驗する所であります。劣惡なる思想に伴ふ惡影響の大なるは又云ふ迄もありますまい。故に吾人は勉めて有益にして高尙なる思想を持ちたいものでありま す。

（五）念力の悪用と其防禦法

次に念力の悪用と云ふことについて一言してをきますが、凡そ道ならぬ思念は必ず中途に於て良心の苛責乃至は疑念迷想を生じ、完《まつた》き効を奏することができませぬ。たとへ一時は良心を抑壓して施行し目的を達することができても、元來精神の働きは恰も海中の波の如きもので一上一下の波瀾は、遂に圓形の地球を一週して元に歸るものであります。即ち遲かれ速かれ精神の反動が出發點に向つて來り悪因果に身を搦めることゝなるのであります。嘗つて某不正漢は斯術に熟達せるを倖《さいわひ》として多數の婦女子に施行して醜き慾望を充たし、又古來盗賊の中には斯術に長じたる者があつて、随分斯術を悪用して其目的を遂行したる形跡が覗はれますが、これらの如きものも遂には囹圄《ひとや》の苦しみを受けねばならぬ時が到來するのであります。

萬一思想を以つて自己に危害を加へんとする者ある時には如何にすれば宜し

いかと云へば、それは當方も觀念力を以つて應戰すれば宜しいのであります。精神感應術に於ては先方が受容的態度にある場合が最も感應顯著にして、反對に反抗觀念が强い場合には感應不良となります。もし相手が不明の場合には『我に來る思念は悉く施術者に反動すべし』と思念してをけばよいのでありますこれを反動思念と申し斯道の祕說となつて居ります。科學萬能の今日斯樣なことを申せば狂氣の沙汰と見る人があるかも知れませぬが、古來宗敎家等が勢力爭ひから遂に本法を用ひて互に殺戮を企てたる事實や、或は一般民間に於ける呪ひ釘の如き、動かすべからざる事實が少なくありませぬ。

傳說によれば仙人が數十百里を隔てた山から山へ思想の交通をするには、先づ一聲ヱーイと氣合を掛けて先方の注意を喚起し、それから所用の思想を自由に交換すると云ふことであります。忍術の古書を檢べてみるに、忍術の中に遠術と云ふ方法がありますが、これは今日の遠隔傳想法でありませう。又世には憑靈者と云ふのがあつて、此憑靈者間に於ては思想交通を極めて容易に行ふことがあります。現に本會の會員中でも歸神《かむがか》りの能きる人がありますが、其念力の强大實に驚くべきものがあります。我々とて多少能力の强弱はあるとしても修養によつて神域に達すべく努力せねばなりませぬ。

（六）思念は如何になすべきか

精神感應術に於ける思念とは、單に思ひ考へることでなく、一事を强く思ひ詰めることを云ふのであります。ひとつ今夜は芝居見物にでも行かうかなどと思ひ乍ら一方で此病氣は癒るべしと思ふ如きは、思念に非ずして只慢然と思つてゐるだけのもので、隨つて念力として感應しませぬ。

念力感應の第一要素は信念と至誠であります。何分にも斯術（殊に他感法の如き）は往々にして唯物論者の反對に遭遇するものでありますから、未だ實驗に乏しい人々はやゝもすれば其信念に動搖を來し爲めに折角擧がるべき効をも擧げ得ずして了ることがあります。韓子外傳にも『楚の熊渠子夜行きて石を伏虎と見誤り是を射るに羽を呑む、近づきて見れば石なり、再び射るに矢くぢけて跡なし』とありますが、實に思ふ一念凝つては金石をも貫き、疑心暗鬼を生ずる時は折角擧げ得べき成績すら擧げることが出來ませぬ。何れ個々の注意につきましては、自感法、他感法其各々の項に記入して居りますから御覽を願ひます。

第二章　精神感應術自感法

（一）最强度最有効の自己暗示法

既に第一篇に於て靈氣吐納法を始めとし、諸種の凝氣法や觀想法等を多々詳解してをきましたが、會員諸君にはそれぐ\御精讀の上順次修行體驗せられたことゝ存じます。如何に本書に於て祕を盡しましても、之を讀破せらるゝ諸君の頭が徒に頁を追はれるのみでは何んにもなりませぬ。百の理論よりも一の實行であります。一章を終らば先づ其章に就て靜思默想、大體の日程《にってい》を樹《た》てゝ自ら着手し體驗して貰はねばなりませぬ。かくして修行の結果は、諸々《もろく》の無量の功徳を現じ、精神感應術の如きも、心的精力が大となり、精神の集注力が養はれてきますから、容易に極意に到達することができるのであります。

さて此處に公開する自感法とは、別名を自己暗示法とも靈念法とも或は觀念心身實現法などとも稱し、其要旨を一言にして盡せば『觀念力を自己心身上に實現する方法』であつて、或は觀念を潛在意識へ移入するとも、自己暗示を無意識界へ植付けるとも云へるのであります。自感法の極意とする所は左記條項であります。

イ、顯在意識を働かせては駄目でありますから、起床直後又は就寢前とか氣分の落着いた時に着手すること。但し丹田式吐納法等によつて鎭心の上行ふのもよろしい。熟練後は隨時隨所に行つてよろしい。

ロ、某式の敎授を受けた者は思念に際してウムと力んで息を詰め手を握り齒を喰ひしばつてやりますが、述者の研究によれば無理に力を入れることは大禁物です。躰《からだ》にも心にも決して無理に力を入れて固《かた》くならず、心身共ユッタリとして着手すること。

ハ、思念の仕方は、下腹部にゆるりと氣力を湛へるやうな態度で、所要事項を簡單明瞭に繰返して思念するのであります。餘りに長つたらしい、理論的な文句は駄目です。空漠《くうばく》とした積極的な文句がよろしい。

ニ、思念とは讀んで字の如く思ひ念ずることですから、口で小聲を言つたりしてはいけませぬ。但し病人の方などで根氣がなく簡單な方法を求められるやうな場合には、第四卷講述のクーヱ式自己暗示法の如く低聲で二三十回唱へるのみでもよろしい。

ホ、練習は必ず座を整へ心氣を鎭め謹嚴な態度で行つて下さい。娯樂的な不眞面目な態度で着手する時は、如何なる神術靈法も効果淺薄であります。

ヘ、自感法は實驗であると同時に、念力養成法であり將又精神統一法でありますから急速に成功しなくとも、熱心に反覆して行つて下さい。實習中は飽迄自然的態度を尊重し決して故意的《わざと》動作をとらぬやうにすること。

ト、左に列擧する實驗は大體易より難に及ぼしてあるものですが、各人幾分の相違あるは免れませぬから、必ずしも本書の順序で行ふ必要なく、不得手なものは後廻しにして行つて下さい。

(二)靈棒開閉自在法

長さ三尺内外の輕い棒か竹を二本用意し、左右の手に一本づつ棒の一端を握り、眼を閉ぢ心をしづめ、此棒は寄つてくる寄る々々と觀念する。するとヂリヂリと左右の手は接近し、軈て棒の先端がカチンと接合しますから、今度は此棒は開いてくると思念すれば再びヂリ〱と開いてきます。開閉が能きれば上下も試みて下さい。

之は要するに觀念運動でありますから、精神異狀者か中風《よい〱》患者《かんじや》か乃至は反對觀念を起さぬ限り誰でも彼でも實現するもので、術だの法だの云ふ程のものでありませぬ。觀念運動とは、假に吾人が鉛筆を手に持ち紙に當がひ、丸い形を想像してゐると手はイッとはなしに自然に丸を描き、或はチャン〱バラ〱

の劍劇を見てゐると知らぬ間に手に汗を握り、『不如歸《ほとゝぎす》』や『平手造酒《ひらてみき》』などの映畫を見てゐると肺病患者は知らず々々の裡に胸痛を覺え胸を押へるやうになるものであり、或は又力の入る相撲の場合に思はず前方の人を突き倒したりするなどは何れも觀念運動であります。

(三)身體屈倒術

瞑目して直立し、體が前へ倒れてくると思念を凝《こら》せば、何者かに押さるゝやうな感じがして次第に前屈してきます。同じく後へも左右へもやつてみるのであります。

催眠術にかゝつた者は、手腕の開閉でも身體の屈倒でも術者の暗示によつて自由自在に支配されますが、之は術者の與へる暗示が被術者の聽覺を介して觀念運動を生ぜしむる結果でありまして、自感法は自己自身が、術者と被術者を同時に兼ねてゐるのであります。

(四)鐵身硬直術

仰臥の姿勢をとり、自己の躰は足の爪先から頭の方へ向つて次第に強直になる、と觀念すれば數分にして全身鐵棒の如くなります。本會の實地教傳會では此時頭と足を持つて宙に吊し腹上に二三人載せて其眞僞を試すのにビクともしませぬ。これが眞の人橋術であつて、世に氣合術と稱して行ふのは全身に力を入れ、且つ腹を上へ突き出す様にし息を充分吸ひ込んで苦しいのを辛抱してゐるのであります。これができれば反對に、

柔軟不隨術も能きます。同じく仰臥して、我が身は海月《くらげ》の如くグニヤ〳〵になると觀念すれば、骨や筋が拔けてしまふ樣な氣がして起きることも横になることもできませぬ。此時硬くなると思念すればシヤン〳〵と力が入つてきます此域に達すれば、病氣や精神統一は完全に出來ます。

(五)不隨不動術

手が頭に密着した、尻が疊に喰付いた、等の觀念を凝せば事實離すことが出來ませぬ。或は拳固を作つて、此拳は鐵石の如くなつたと觀念すれば鐵拳術となり四分板や瓦位は一擊で割ることが出來ます。或は又金剛力の術と稱して大道で香具師が行つてゐる所の、兩手を胸先に合掌して左右から引かせても手が離れぬ實驗などもワケなくできます。

(六)重量變換術

甲乙二人向合つて立ち、兩人共閉目深呼吸を行ひ乍ら、甲は『自分の身體は輕くなつた』と觀念し、乙は『汝の身體は輕いぞ、綿の如く輕い』と觀念すること數分にして、乙は甲の體を抱き上げて見るに實際輕い。反對に兩人共重くなつたと思念して上げると驚く程重い。若し述者の言を疑はれる方は、只今直に實驗してみるがよろしい。大體人間の力量と云ふものは觀念の如何によつて其全所有量を働かすことも出來れば、又折角持てる力をも死藏する者もあり、卑近な例は、スワ火事よと云へば弱者忽ち强者となる樣なものであります。英雄ナポレオンは『不可能と云ふ語は愚人の辭書にのみあり』と信念して皇帝の地位に昇つたではありませぬか。以上數種の實驗は實地敎傳三日目に何人も成功してゐるのですから、獨習でも少し熱心にやれば直に能きるのです。

(七)體　上　術

一人の者を仰臥せしめ、これを甲乙丙丁の四人が各々人差指一本を以て擧げる實驗であります。先づ甲乙の兩人は、仰臥してゐる者の頭部と背部とへ左右から兩手の人差指を差入れ、丙丁の二人は其腰部と膝の下から人差指を差入れさて四人の者は共同して、此人間は輕い、羽毛の如く輕い、と觀念すること數分にして甲がヱーッと一喝するを合圖として一時に差上げる時は極めて容易に上がります。

(八)靈　動　術

正坐冥目、兩手を胸先にて合掌し、此手は震動してくると觀念すれば、合掌の手は前後或は上下にブル〳〵と靈動を發し、中には甚しく猛烈となり全身疊を離れてポン〳〵飛上がる人もあります。これが六ケしい理論効能を附して高額の料金を徵收して傳授されつゝある靈動術であります。

(九)自動式治療法

前記靈動法の變型的のものに自動療法といふのがあります。即ち前記の靈動術を行ひ乍ら手が病患部を治療すると觀念すれば、手は巧に病所を敲いたり撫でたりして治療します。しかし觀念力が强い者でなければ出來ませぬ。本會の自然運動法は思念力や暗示などを用ひずして、少しも靈法の素養の無い人にも發動する樣考案してありますから、御希望の方は御研究願ひます。

(十)速歩行術

足が輕くなると思念すれば速歩行術となります。又方便として初め五歩を歩む間は一二三四五と數へて吸息し、次の五步を步む間も同じく一二三四五と數へ乍ら息を吐くといふ樣に、呼吸と步調を合せる時は、意外に速く、しかも疲勞が少ないものであります。更に此理法を進めてゆけば高飛や幅飛やランニングや柔道等に思念力を應用すると必ず好成績が收められる道理であります。即ち飛切の術ともなり、怪力の術ともなるわけであります。但し忍術の傳記に依る飛切術とは、水邊に成長の速い草を植ゑ、每日それを飛び超える練習を續くる時は草の成長と共に一間以上飛ぶことができる樣になるとあります。

(十一)雄辯說服術

神社に詣る人の中には神樣、私は明日何の何某の所へ談判にゆくのですが生來の咄辯故どうぞスラスラ言へます樣にと、いふ樣な祈願を籠めてゐる人があります。勿論識者諸君は愚人の迷信として一笑せらるゝでありませうが、所が豈圖らんや意外の神助を得て美事先方を說服したといふ例があります。これ神力か人力か、此場合は自己暗示の力と見るが至當でありませう。故に此筆法で自己は雄辯家になつた、幾千の聽衆は石塊《いしころ》に過ぎぬ、といふ樣に思念すれば當然好成績を示す筈であります。

(十二)時間的中法

誰にも經驗のあることですが、明日は早朝に旅行すると云ふ樣な時は不思議と早く目覺めますが、これ不知不識の間に精神感應術を行つてゐるのであつて吾黨の士ならば、就寢前に數分間、明朝は何時に眼覺むと觀念すれば百發百中の効を收め得るのであります。

(十三)膽力增進法

膽力の增進や判斷力の養成乃至は病癖の治療等は、洗心修靈法の實行に依つて目的を達し得るのでありますが、特にこれを望む人は正坐して思念するか、或は就寢前とか起床前に『我が膽力は日々增大しつゝあり』と觀念すればよろしい。

（十四）脈 膊 停 止 術

正坐して丹田式吐納法を深く強く行ひ乍ら、右手の拇指にて左手の撓骨動脈を抑へ、『脈膊が微かになる、左手の血行は停止する』と観念を凝す時はトク〳〵と搏つてゐる脈は次第に弱くなり更に其時脈膊は全く停止すると凝念すれば、遂に右手の拇指に感じなくなる。勿論、吾人の心臓は、神經中樞との關係を斷絶されても心臓自身獨立的に活動する作用を有してゐますから、脈膊は全々停止するのではなく、只分らぬ迄になるのであります。かの印度の瑜伽行者《よーぎん》の中には、入定《にうじやう》すると共に其身を棺に納めて密閉し土中に四十日間埋め、四十日の後に掘出して行者の身體に油を塗り摩擦する時は忽ち健康な體になるといふことでありますが、これ全く强大なる觀念力の活用によるものであります。

（十五）冷 熱 自 在 法

身體の一部分を冷熱自在とする實驗でありますが、先づ最も易いのは顏面と手でありますゝ顏面は次第に充血してくる、熱くなると觀念すれば、顏面は紅潮を呈して熱くなります。或は又手を膝の上に置き、其手を見詰めながら、此手は冷たくなる、此の手の血液は逆流して一滴も無くなり氷の如くなる、と深く觀念すれば皮膚は次第に蒼白となり軈て死人の如く冷たくなります。更に進めば鉛筆を握つて、是は燒火箸だと觀念すれば、全く灼熱を感じ或者は水脹を生じて眞實の火傷の如くなります。勿論此程度の實驗は自感法の極致でありますから、其人々の天分に依り出來る人もあれば出來ぬ人もありますから、出來ないからとて失望には及びませぬ。

(十六)靈魂飛遊法

我が肉體は一室に坐して動かずと雖も靈魂は肉體より分離して百千萬里の外に彷徨し、絶妙の快感を味ふことができます。未熟者に於ては單に想像による幻覺に過ぎませぬが、熟達者に於ては事實其場に臨むのと毫も異りませぬ。嘗つて斯道の先輩某氏は海上を飛行してゐる時、丁度一隻の大船が船火事を起して旺に燃燒しつつあり、其船名迄ハッキリと記憶されたが、翌朝新聞には其と同一名の船の燒失が報じてあつたと云ふことであります。

其方法は、靜室に坐し、吐納法によつて雜念を拂ひ、其目的の所へ至るべく順を追つて觀念する。たとへば富士山上に至らんには、先づ自己心靈が肉體より分離して上昇すると觀念する。二回や三回では中々上昇せぬが勉めて怠らねば遂には忽然フワリと空中に浮上がつた感がする。そうなれば占めたもので、それより益々上昇すると思念すれば、上空に昇るに隨ひ人や家は次第に小さく見え、眼界開けて遙か彼方には涯なき海洋を望み、氣は澄み日は麗かにして、遙かに富士の高嶺を望んで飛行してゆく樣は雄大とも崇高とも譬へ樣がないものであります。飛行の遲速や下降は思ひのまゝにして、覺醒も觀念に應じて必ず歸身しますから寸毫の危險もありませぬ。

以上は僅に應用の一部分であつて、自感法の及ぶべき範圍を悉皆列擧することは到底企て及ぶところでありませぬから、他は諸君の御研究に一任して此項を擱きます。

第三章　精神感應術他感法

(一)最强度の傳想祕事

A、被術者が眼前に在る場合

イ、被術者が術者の眼界内《みえるところ》に在る場合には、瞑目して行ふより被術者を凝視しながら行ふ方が有効である。全身を凝視するよりも、眉間《みけん》、後頭部、顳顬《こめか》部《み》等を凝視するのがよろしい。

ロ、思念の仕方は自感法と同樣に、簡單明瞭に被術者の腦中《あたま》へ刻《きざ》みつけるやう傳想すること。

B、被術者が遠隔地にある場合

イ、先方の寫眞、筆蹟、衣服等があれば、それを本人であると假定して其物品に對して凝念すれば、直ちに被術者に及びます。

ロ、何等の物品もない場合には冥目し、豫て練習せる殘像凝氣法の要領で、先方の顏や姿をハッキリと心中に描き出しながら、其幻像に對して念力を波及して下さい。全々未知《みち》の時は其住所氏名を最初に二三十回讀誦し、それから所要思念に及ぼすこと。

ハ、時刻は何時行つても有効であるが、術者の未熟なる間は成可く午前一時頃がよろしい。かの呪ひ釘を打つのに丑滿時《うしみつどき》を撰ぶのも此理であります。

ニ、一回の修法は少くとも二十分間以上は行はなければなりませぬ、又弱い念力でも度々同一物に向つて凝念すれば實現するものであります。

(二)催眠者自在法

先づ催眠狀態にある者に施す實驗から始めます。催眠狀態に於ける術者と被術者は、ラッポールとて極めて密接なる連合がありますから、比較的容易に感應するものであります。これを實驗するには、術者は被術者(催眠してをる者)の何れか一方の手を握り(手を握らなくても出來るが、接觸した方が容易である)被術者の顏を凝視しながら後倒すべしと觀念すれば、被術者は次第に後倒してゆきます。或は又、手を上げて頭を掻くべしと念送すれば、手を上げてボリ〳〵と頭を掻きます。其他簡單な思想であれば何でも感應します。

(三)接觸傳想術

甲と乙とは(以後傳送者を甲と云ひ受想者を乙と申します)互に片手を繋いで直立し眼を閉ぢます。そして乙は甲の思想を感知すべく精神を落つけ、甲は所要事項を熱心に念想するのです。初めのうちは、乙の體が前倒するとか後倒すると云ふ如き簡單な念想より始め、次第に練習を積んでから、手を上げよとか横にある帽子を被つて一歩進めとか、隣室にある品物を取れといふ樣な複雜な念送に進んで行くのであります。

他感法に於ては甲と乙とが合意の上にて兩者の精神が同一方面に活動する場合が最も感應顯著でありますから（受想者に反對觀念ある時が最も奏効不良）此實驗の如く甲は送らんとし、乙は受けんとする場合に於ては容易に成功するものであります。本會の實地教傳會では、こんな實驗はお茶の子サイ〳〵笑ひ乍らでも出來るのであります。是が出來れば無線傳想に進むのであります。

（四）精神ラヂオと讀心術

甲乙相對して約三尺を隔てゝ直立し、乙は冥目して雜念をしづめ、甲は乙の眉間《みけん》を凝視しつゝ前後左右の何れかへ倒身すべしと思念する、これが成功すれば更に簡單な運動を發起する實驗を試みて自由に出來る樣にならば、今度は甲乙二人數尺を隔てゝ相對坐し甲乙共に冥目して吐納法を行ひ乍ら、甲は乙に對して簡單なる幾何學的の形、例へば方形、卵形、菱形等の一つを傳送するのであります。甲は閉目せる眼前に乙の姿をハッキリと思ひ浮べ乍ら、送らんとする形を明瞭に描き、其形を以て乙の體を包んでしまふ樣に觀念するのでありま す。すると暫くするうちに乙は次第に其形を感じてくるのであります。かくして次第に複雜な思想を傳へる練習に進んでゆくのであります。此實驗の場合甲乙兩人共靈法の素養があれば甚だ好都合であります。卽ち甲の方から云へば傳想術であり、乙の方から見れば讀心術であります。

(五)觀夢傳想術

睡眠者の顏面を凝視し乍ら、何々の夢を見るべしと强烈に念送する時は、數分から數十分にして感應するものであります。夢は簡單なものを撰んで下さい

(六)靈呼術

集合場や汽車電車の中等で、前方にゐるボンヤリとしてゐる樣な人を撰び、其頭部を凝視しながら、後を向くべしと念送する時は、名でも呼ばれた樣な顏をしてふりかへります。

(七)靈斥術

これは長居の客を退散させる妙法で、少しも先方の感情を害さぬから甚だ便利であります。其方法は客の頭部を凝視しつゝ、早々歸れ、無用の長居を止めよと觀念するのであります。熟達すれば對談中にでも出來ます。よく世間で長居の客を追拂ふ呪として、箒に手拭を被せたり下駄に灸をすゑたりしますが、あれは此呪によつて必ず早く歸宅せしむ、こうすれば早く歸ると云ふ家人の念力凝つて奏効するのであります。

(八)靈引術

この實驗は彼我共に歩き乍ら行ふのでありますから、色々周圍の刺戟の爲精神散亂し易いから充分の念力を要します。先づ人通りの少ない道を撰び、自分の前方數十間以内にブラ〳〵歩いてゐる人を求め、其者の後頭部を凝視し乍ら左へ寄れ〳〵と念送する時は、恰も眼に見えぬ糸にでも引かれる如くに左へ寄つてきます。同様に右へ歩けとか、遲速をも自由にすることができます。

(九)足止術

靈引術が進んでくれば足止術もできます。歩行しつゝある人に止れ〳〵と念送する時は、何か考へ事でも生じた如く一寸立止まります。以前には空飛ぶ鳥を落したり、走れる車を止めたりした人も居つたさうでありますが、現在に於ては見受けることができませぬ。又逃走人の足を止めることも出來ます。此塲合は遠隔法によつて、何某よ逃走を止めよ、汝は必ず歸りたくなる、といふ様な思念を送るのであります。古來多く行はれた足止術といふのは、二本の針を以て逃走者の足を刺すべく觀念し、一心不亂に讀經しながらグサリ〳〵と針を疊に突き刺すのであります。すると逃走者は病にかゝるとか、足に負傷するとか、歸宅の餘儀なきに至るのであります。而し此法は呪ひ釘と同じく一種の邪法でありますから奏効しても危險を伴ひます。

(十)遠隔傳想法

念力の感應には距離や障害物は問題とならぬことは既に説明した所であります。眼前に在る者に對して感應する術力は遠隔の土地に住する者にも感應します。數尺も距離なら數百里も距離、東京と思ふも姫路と思ふも思想の上では何等異る所ありませぬ。遠隔傳想では薄紙《うすがみ》一枚でも隔てゝ居ると云ふやうな、即ち隔障物に囚はれるやうなことでは忽ち無効に歸します。念力交通の妨げとなるものは疑心であります。少し古い問題ではありますが、火星との通信にしても超飛行機《ロケット》や高射砲やガッダード式煙火等では能きさうもありませぬが、英國のヘレワード・カーリントン博士は傳想術を應用すれば空間的距離などは何百萬哩あらうと問題でないと發表して居ります。

(十一)行衛不明者呼戻法

行衛不明の者を呼び戻すには、早速遠隔傳想を應用すればよいのでありま
す。若し出發後年月を經過してゐる場合ならば、最初に靈感法(後述す)によ
つて其生死如何を慥めてから傳想するのであります。

(十二)惡人靈縛及人心服從術

惡人に念力を送つて戒飭を加へ善人にする方法であります。本法に於ては、
當方に天にも通ずる熱誠を有することが第一で、單に己が利慾の爲に施行する
場合は効果淺薄であります。時々著者の所へ、何々の財産が自分の手に移る樣
とか、何某との戀愛が成立する樣思念を是非々々賴む、成立すれば是々の謝禮
を差上げると云ふ樣な依賴が參りますが、大黑天や出雲の神樣ならぬ述者には
たとへ萬金の謝禮を積まれても左樣な勝手千萬なる念送は馬鹿々々しくて能き

ませぬから、誤解せられぬ樣特に一言してをきます。本法を施行するには、直接か遠隔の何れかを以て『何某よ、今の謀計を必ず中止せよ、余は必ず中止せしむるぞ』『何某よ、君は放蕩生活から一日も早く脱して兩親の命に隨ふべし』といふ樣に念送すれば宜しいのであります。

(十三)忍術及分身術

忍術は物理的忍術と心理的忍術の二つとします。物理的忍術とは突然放火して人々の騷いでゐる間に遁走するとか、ある植物を風上に於て燃やし、其毒煙を以て多衆の視覺を痛め其間に目指す相手を刺殺するとか、河流の急緩、光線の明暗、土地の高低等を利用して身を隱すとか云ふの類であります。(述者は古書を檢べ實地に研究すること數年殆んど日常に活用する迄になつて居りますが何れ機を見て公開するでありませう)心理的忍術とは暗示や念力を以て巧に人間の心理作用を利用して行ふ方法であります。何人にも容易に出來る暗示の應用による忍術は第二巻催眠術講義に於て説明しましたから（先年當地劇場に於て伊東某氏の甲賀流忍術公開があり、催眠術や奇術に非ずとの宣言であるから期待して見物に行つたが、純然たる催眠術の應用にすぎないので失望した）此處には念力應用による忍術を説明してをきます。先づ路上で惡人を認めた場合は、ス早く人家の門口や樹蔭に身を寄せるか、或は頭を下げて平氣な態度で歩きながら『汝は我輩に氣附かぬ』と瞬間的に强烈なる觀念を送れば先方は知らぬ顔して行過ぎます。或は又室内に忍び入らんとする時、其室に番人が居る時には、便意を催すべしと云ふ樣な念送を行ひ、番人が便所へ行つてゐる間に忍び込むものであります。若し先方が多人數にして念力の感應微弱なる時は止むを得ぬから、放火するとか井戸に石を投込んで大音を發するとかして人々を其處に集め其間に忍び込むがよろしい。或は口笛とか特殊の樂器を吹いて蟲の音や風の音等に擬して人々を睡眠に陷れるのも一法であります。愈々念力强大となれば特定せる人に傳想して、術者の姿を（幻覺）現はすことも能きるのであります。斯なれば所謂分身術でありますが、之は術者と被術者がよく氣心《きごゝろ》を知り合つた仲でなければオイソレとは巧くゆきませぬ。尤も或種の靈と感合し其靈の力によれば極めて無造作に出來ることですが……。

（十四）動物感應法

念力の及ぶ範圍は獨り人類相互間のみでなく、其以外の禽獸鳥魚蟲類草木に到るまで左右する事が能きるのであります。述者は僅かに蜘蛛や金魚に對する實驗ぐらゐより成功してゐませんが、故桑原俊郎氏の著書を見ると、蠅、蚊、鼠、雀、魚類、木兎、燈火、植物等凡ゆるものに對して試みられたことが記してあります。又事實桑原氏の知人にして本會の會員たる龜田氏や安原氏等は其實驗を見られたと云ふ事であります。本法は要するに、其目的とする動物を凝視して强い眼光を送りつゝ觀念すればよろしい。自信が出來る迄は、池の中に一匹だけ泳いで居る金魚とか、我家に飼へる犬等に對して試みるがよろしい。

(十五)念寫其他の心靈現象

念寫とは寫眞の乾板に對し、何等の物質的手段を弄せずして、希望する所の繪なり字なりを、念力を以て乾板に感光せしむる實驗であります。殊に念寫の念寫たる所は乾板を何枚重ねてゐても、術者が三枚目に寫さうと思念すればチャンと三枚目にだけ寫り、更に術者に透視能力があれば遠隔地の人物風景をも寫出すことが能きます。此の念寫を行ふには、先づ寫さんとする書畫を一分間ばかり凝視し、其まゝ視線を乾板の上に移し(乾板は包裝のまゝ)二三分間ばかりヂッと視線と共に念力を送り、後現像して其成否をしらべるのであります。この場合の術者には少なくとも精神統一力があり、且つ又前述せる殘像凝氣法によつて視覺を鍛錬し殘像を明瞭にしてをく必要があります。

以上は念力による念寫法でありますが、餘程念力の强い人でないと、誰にも彼にもウマクゆくものではありませぬ。術者に歸神法が能き神靈の後援《あとおし》があれば（强ち神靈と限らず、神々に奉仕をしてゐる眷族級の靈でもやるものがあるものです）巧妙に出來るものであります。其他古來から神變不思議とせられてゐる所の、數百里の距離を短く縮めて瞬時に飛行する縮地の法や、遠方にある物品や動物を眼前に引寄せる物品引寄せや（但し近來各地劇塲にて箱の中より觀客の注文品を取出す實驗は、昔から物寄せと稱して行はれてゐる奇術で、前以て仕掛《からくり》を作つて置いてする實驗だ）死者の消息を傳ふる自動書記や、物品が自然に空中に浮遊する卓子浮揚の如き實驗は、念力の感應のみではなく、神靈や人靈や動物靈の作用による所であります。よし念力でなし得るとも、それは其術者に既に憑靈があるか、或は念力凝集の極其當人の至誠を感じて或種の靈が手傳つてゐる塲合が多いのであります。

（十六）物體念動法

念力は其極致に到れば無生物にも及びます。焔火を明暗自在とし、物品の重量を變化し、物體を動かし、雲の離合を自在にする等のことが出來るものであります。勿論、動物に對して自由に感應が起るやうになつてから着手すべきで最初から着手するのは少々無理であります。先づ未熟の間はマッチの軸の如き小物體を糸にて上から吊し、それに念力を波及して振動せしめたり、水上に浮べた小物體を動かす程度の實驗よりはじめ、漸次難に及ぼすのであります。

第四章　靈感法

(一)靈感豫言法

此靈感法は極めて簡單にして、而も吉凶を誤りなく明示する妙法であります

先づ靜かな室に正坐冥目鎭心し『何々の件は吉か凶か、吉ならば身體は前屈し

凶ならば後反し努力次第ならば横に屈身する』と思念しそれから丹田式吐納法又は算秒凝氣法等によつて精神を統一すること十數分にして開眼、身體屈倒の方向を見て斷ずるのであります。本法の要旨は、眞に念想三昧に入つた後現はれたものでなければ的中せず、修法中想像や推理が往來する樣では完全と申されませぬ。

易占の理も之と同じであります。筮竹を額上に捧げ、占件を專念し雜念を去つて明鏡止水の境に入つて後兩分した筮竹數は自然の靈示であつて、よく吉凶を示してゐるが、此理を解せずして易書にのみ腐眼するから八卦八段、噓九段等と言はれる。易はもとより、武藝十八般、遊藝の類に到る迄、其奥堂に到れば、よし本人は自覺せずとも自ら精神統一がなつてゐるのであります。

(二)相場上下鑑定法

相場の變動も前法の應用によつて判明します。先づ一枚の紙に必要なる數字を（數字とは高低を示す目盛《めもり》のこと）區切つてをいて、其の上に輕く鉛筆を持ち、我慾や想像を排し、自己の手は自動して明日の變動を明示すと凝念してゐると、數分乃至數十分する裡に、手は何者かに導かれるが如く自動して明日の數字を示します。

(三)コックリ術

これは西洋に於けるテーブルターニングやプランセット等と同一原理のものでありまして、單に行者の潛在心が顯はれるのと、完全に宇宙靈に合一したる境地に於て顯はれるのとあります。これを行ふには三本の棒の中央を紐で縛りそれを開いて立て、其上に盆を載せ上から風呂敷をかけ、其上に手をのせて精神をしずめてゐると其器が自動して豫言するのであります。たとへば財産の有無を見るには、コックリさん何某には財産がありますか、有福ならば二ッ、赤貧ならば一ッ音を出して下さい、と尋ねる時は器は何れかに傾斜してコッ〳〵

と二ッ或は一ッ音をたてますから、其音によつて判斷するのです。一人が手を載せるよりも三人四人と手を重ねて置く方が面白くゆきます。但しコックリ術を輕侮するやうな人は省くことが必要で、之に趣味を有する人のみが寄つて行へば非常に早く而も靈的に動きます。

(四)水晶凝視法

水晶凝視法《クリスタルゲージング》は古代から失物《うせもの》の發見や、行衞不明者の消息や、人事の未來のことや、憑靈の正體をしる方法として弘く行はれて居りました。これを行ふには心身を淸めて正坐し、膝の中央に兩手を上向けに重ねておき、其上に徑五六分乃至一寸位の透明なる水晶球をおき、さて其水晶球を凝視しつゝ丹田式吐納法をくりかへし、鎭心をまつて『何某の憑靈は、水晶球に現出す々々々々』と云ふやうに二三拾回念想し、尙も吐納法をつゞけてゐる裡に突然恍惚たる境に入り、占件は水晶球に現出するのであります。或は何時とはなしに閉目俯臥するに至り自己催眠に入り其姿を見る事もあります。一回や二回で妙境に達しなくとも少しく熱心に修行せねばなりませぬ。水晶球は本會で取次してゐますから御希望者は御照會下さい。

第參編　神傳靈術の研究

第一章　鎭　魂　法

(一)鎭魂法と諸法との對照

鎭魂《ちんこん》法とは前述の諸法とは稍趣きを異にした神傳の靈法で、中々八釜しい方式のもとに行はれてゐる方法であります。本章では何人にも直に着手し得るやう極めて通俗的に略解して居りますが元來が神傳のもの故輕卒な態度で着手するやうなことは愼まれたいのであります。謂はゞ最初から物體念動(精神感應術他感法の極致)をやらうと云ふのでありますから實行者は强大なる信念と忍耐を持たるゝことが必要で、前數章に亘つて講述した修養法によつて大體靈的修養の要領を得られてから着手せられるならば好都合であります。見方《みかた》によつては靈氣吐納法も凝氣法も觀想法も皆是鎭魂の壹種たるに異《ちが》ひありませぬ。たとへば靈氣吐納法によつて呼吸に精神を集中し、或は算秒凝氣法によつて時計の秒音に精神を集注するのも正しく鎭魂法であつて、たゞ此處に講述する神傳の鎭魂法には種々嚴重な規律がたてられ、修行方式の如きも鎭魂玉と云ふものに精神集注を企てることに一定されて居る次第であります。ですから鎭魂法は我國古來の純日本式の精神統一法であると云へるのであります。某派では鎭魂と歸神を混合《ごちやまぜ》にして行ひ、怪しき邪靈と交通して兎にも角にも天下の耳目を集中し、又俗間に於ても一口に鎭魂歸神と呼んでゐるが此兩者にはチヤンと區別のあることで、大體鎭魂を修めたものでなければ歸神法は行へない事になつてゐます。ヨシ早急に歸神法が行へたとしても、神主《かんぬし》なり審神者の靈力が薄弱でありますから、忽ちに惡靈が憑依して不結果に終るのであります。

(二)鎭 魂 法 の 意 義

本法は遠き神代に於て饒速日命《にぎはやひのみこと》、味志摩遅尊《うましまぢのみこと》から傳へられたものであると云はれてゐます。今之を令義解に依れば、

鎮者安也人之陽氣曰魂言招離遊之運魂留身體乃中府故謂之鎮魂

とあります。離遊の運魂を招いて身體の中府《きもごころ》にしづめると云ふのでありますから精神統一法を意味して居ります。つまり吾々の魂は兎角フワ〳〵と浮かれ勝ちであるために常に精神が動亂して煩悶や疾病が絶えない、此魂を身體の中府に確《しつか》りと落着けて、更に其の鎮め養つた靈魂を運轉活動せしめやうと云ふのが鎮魂の法であります。上古に於ては、大は治國平天下の問題より、小は俗間の一些事に至るまで鎮魂法の活用によつて解決されたものであります。其行事法の如きも本來が神傳のもの故、御神授せられし神々によつて多少は異りますが先づ普通一般に行はれてゐるのは禊祓詞、鎮魂祝詞、降神行事、十種大祓、天之數歌、昇神行事で終るのが普通であります。之を何回も繰返して根氣よく練

習してゐると、段々鎮魂が利くやうになるのであります。而し此様な複雑な修法は吾黨の士には不向でありますから、此神傳靈術の精粋を抜出し、近代向に改めてお傳へすることゝします。

(三)鎮魂玉の撰び方

鎮魂法を行はんとするには先づ鎮魂玉と云ふものを用ひます。神典により鎮魂の寶玉の由來を尋ぬれば、神祖 伊邪奈岐大神が 天照皇大神に、汝は高天原《たかあまはら》を知食すべしと詔給《のりたま》ひて、御首玉を母由良《もゆら》に由良加《ゆらが》して大神に授けたまへば大神は此玉を齋き奉り御倉棚神と尊び敬はれたことに原由するもので、今日修行者が使用してゐる鎮魂玉は近世神傳靈學の偉傑本田親徳師が神の啓示に依って發明せられたものと云はれてゐます。此鎮魂玉は修行者の靈代であつて、其技が進むと共に神界より神授さるべきもので奇《くし》びな實例も尠くありませぬが、要するに彌が上にも尊きものであることが御理解がゆけばよいのであります。

此の鎮魂玉を求めるには、清淨なる神地或は河川に於て、直徑《さしわたし》五分内外の自然石にして圓く且つ重いドッシリとしたものを探すのであります。成可く年代の古い程適當であります。そして之を求めることが能きたならば塩と水とで清め、自分の生れた日に現在の産土神《うぶすながみ》に參拜して神職の人に修祓して貰ひ、それを鎮魂の寳玉と定めて錦の袋に修めて神聖なる處に安置するのであります。此寳玉は決して人に見せぬやうにし、又懷中などに永く携帶することは禁せねばなりませぬ。近時水晶球を以て代用する人もありますが、此場合とて前記の注意事項は嚴守せねばなりませぬ。（水晶球は本會にあります。御希望者には本會にて修祓して實費で差上げます）

（四）印の組み方

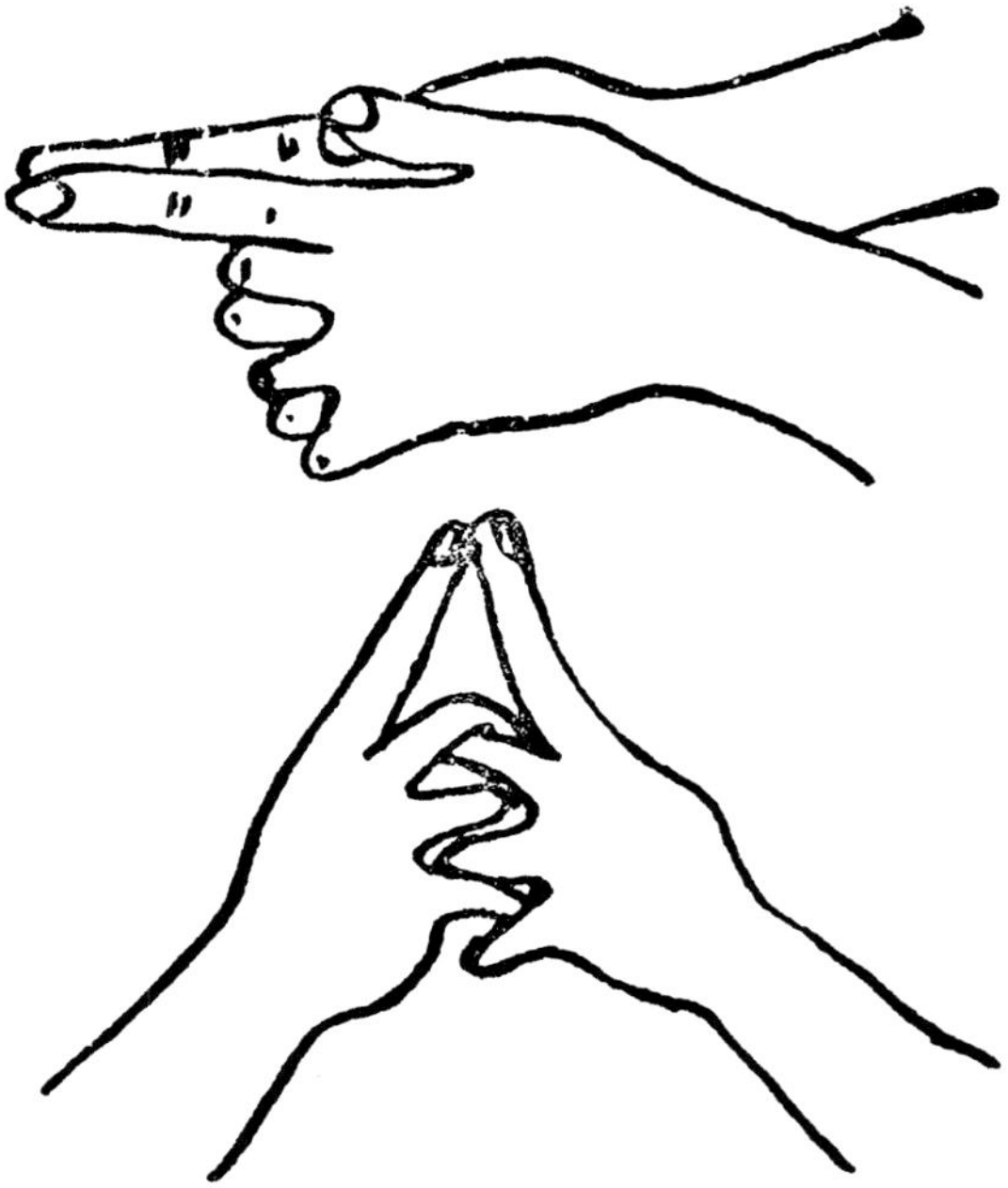

鎮魂を修行する者は必ず正しき鎮魂の印を組まねばなりませぬ。鎮魂の印とは左右の食指を軽く立て合せ、中指無名指小指は各左を下にして掌《てのひら》の内側に組み合せ、拇指は左を上にし右を下にして重ね、胸先に構へます。此印は獨り鎮魂のみでなく、歸神法の際にも使用するのであります。（附圖參照）

（五）實習方式

飲酒喫煙房事の直後及び喜怒哀樂の激しい時には決して着手してはなりませ

ぬ。先づ實修に際しては、手を洗ひ口を清め服裝を調へ（衣服の不潔なものは取換へること）次に三寶《さんほう》の上に鎭魂玉を置き、之を神前又は床の上に据え、行者は三四尺隔てた所に坐を占めます。

此時行者は丹田式吐納法を稍深く行ふこと二十回、次は觀念式吐納法の型式に則り、呼吸と共に靈氣漸次結印せる指端に集注し、身體が消滅上昇するやうに思念し、精神の統一を自覺したならば我が靈魂は玉に集注すると觀念を繰返すのであります。此實習を一回に最初の裡は二三十分、漸次熟練と共に一二時間位迄行ひます。

實習は一日一回乃至二回、早朝又は夜間四邊の閑靜な場所で行ふのであります。本會では靈氣吐納法以下各種の補助法を併用して行ひますから、非常に上達早く他所の追隨を許しません。

（六）鎭魂法の應用

本會の方法では或程度迄精神統一法を修めた後に於て鎭魂に着手し、且又實習中は自己心靈の發動盛んでありますから、世上に往々散見するやうな邪靈憑依等の危険は絶對にありませぬ。かくして段々と鎭魂が利いてくると、記憶力減退や煩悶や神經衰弱の類は自ら影をひそめ、精神の集注意の如くなり靈力強大となり日常の事業に應用し得るのは勿論、後章の歸神法に於ける審神者となつて邪靈惡靈を退散せしめ高級の神々とも交通し得る素質が出來てくるのであります。各人幾分の遲速はありますが、先づ數日乃至數週間熱心に續行する時は必ず鎭魂が利くやうになり、少しく要領を得てくると實習後鎭魂玉の重量を測《はか》つてみるに、最初五匁あつたものが五匁五分乃至六匁にもなつてゐます。若し秤に現はれぬ場合には、試みに五匁五分の所へ分銅を持つて行つても依然としてゐることがあります。即ち超物理現象であります。更に焰火鎭魂とてローソクの焰に鎭魂して其焰を伸ばしたり、一指も觸れずして神棚にある玉串を動かしたり、更に奥堂に達すれば家鳴震動を起し、數間隔てた樹木をバサ〳〵と動かす（決して架空のことではない、逃者は遺憾乍ら未だ此域迄は達してゐないが此程度に達した人はチョイ〳〵ある）などの事も能きるのであります。述者の唱道する精神感應術に於ても、其奥堂に到れば鎮魂法と同様の實驗を示すことが能きますが、之れ鎮魂法と云ひ、精神感應術と云ふも、名稱こそ異れ、其理に於ては決して相反するものでなく、精神感應術は現代化した萬人向の鎮魂法であると解する事ができるのであります。

第二章　神人感合法

（一）無神無靈魂主義の惡弊

神人感合法を説くにあたり先づ現代の人々に問はねばならぬことがあります。それは神靈、人靈、動物靈と云ふやうな靈なるものが果して存在するであらうか、又は神靈など云ふものは結局人間の恐怖心の投影に過ぎないものであらうかと云ふ點であります。古來より靈魂の不滅を論じた人は澤山あつても、未だ之の實在を明確に説明した人はありませぬ。日夜神前に奉仕すべき神職の方々の中にすら、果して神は存在し給ふや否や五里霧中に彷徨して形式一遍の奉仕をなしつゝある人あり、一宗の管長とも云はれ、生神樣とも敬はれつゝある人々の中にすら、財と色との二慾以外に何物もないと云ふ人非人があつて、往《ゆ》く日も來る日も神を無視した行動をとつてゐるの現狀であります。當然神靈の御威德を宣すべき位置にある人々に於てすら斯の如き有樣の今日、いかで他に至誠通神の人格者を認め得られませうや。忠君愛國一點張りの赤化防止團も否なり、博學多識を誇る學者も否なり、其他敎育者、軍人、實業家、警察官吏、政黨屋、何れも否なりと云ふの他ありませぬ。此秋に當り未だ嘴《くちばし》の黃味すら取れぬ草莽の若輩が、古來の難問中の難問題たる靈魂の實在を主張せんとする、蓋し難事業たるに異ひありませぬ。只々賴みとするは實驗實證神人感合の妙術あるのみであります。

生理學者は精神とは腦細胞九十億の作用の總束であるとして靈魂の實在を認めず、心理學者は神人感合法を指して人間の潜在意識の分裂した結果であるとして、靈魂《ソール》と云ふ語を使用するのを肯《がへん》じませぬ。しかし之等は半面の觀察法《みかた》であつて、尠くとも事實といふことを無視した說明であります。憑靈治療、念寫靈魂飛遊等の事實を仔細に考察する時、ドウしても靈魂なるものゝ存在を認めぬわけにはゆかなくなるのであります。それは理論上の問題でなく、自ら修法し自ら體驗してゆかねば分らぬことであります。かの發明王エヂソンは波長の研究について『俺は唯だん〳〵やつてゐるうちに勝手に出來たので理屈は知らぬ。その理屈が知りたくなれば神樣に聞け』と喝破し、ベーコンも『物理學の初步に於ては神を認めざれども其奥堂に到つては神を認めざるを得ぬ』と漏してゐます。

由來、洋の東西の別なく一世に名高い物理學者、心理學者にして熱心なる靈魂論者となつたものは尠くありませぬ。兎角人間の言行には裏表があり、殊に主義とか主張とかを押通す時には、自分の良心を無視してまでも嘘言《うそ》を吐きかねぬものであります。西洋醫術の大家が路傍に漢法の藥草を探して服用するの時代でありますから、たとへ口には唯物主義を唱へる學者でも、案外內心神を拜んだり、靈魂を認めてゐるものでありまして、其生活が順調な時こそ高慢チキな顔をしてゐる無神論者でも、一度逆境に陥つては『苦しい時の神頼み』で無我夢中で神信心、否路傍の石地藏さんにでもお百度を踏みかねまいでもありませぬ。我國歷代の天皇が敬神の念の御篤かりしを見ても、或は戰爭時に於ける天祐の數々を考へても、我が日の本の國民たる者、先づ以て敬神崇祖を最大一とせねばならぬ事が肯かれるのであります。然り、本章に説かんとする神人感合法の如きも、其純正なるものは獨り我國を除いては、世界中何れの國にも傳はつては居りませぬ。獨り我が日の本の國のみが神々の特別の恩寵に浴してゐるのであつて、將《まさ》に神國の神國たる所以であります。

(二)心靈術と神靈術

本書の前半に渉つて精神心靈を土臺とした法術を説き、今本篇に於て俄に神事を口にする順序となりましたが、此點讀者諸君の中には奇とせらるゝ方があるかも知れませぬ。尤も入會者諸君の中には、旣に神道靈學の研究に精《くは》しい方もあることゝ存じますが、中には自分は精神の力と云ふものは認めるが、神の存在、靈魂の存在と云ふやうなものは認めないと云はるゝ方もあることゝ存じます。それは無理もないことで、此の神傳靈學は、靈學術の中でも最も六ケ敷いもので、靈法宣傳者の中には其方法さへ知らず、此神法を指して催眠術の一部を下手《へた》に應用したものぐらゐに解してゐる大家もある次第であります。然し總じて云へば心靈研究なり精神研究なりを熱心に忠實に續けて居ると、何時とはなしに理屈拔きに神靈やら靈魂の存在を信ずる機運に向つてくるものであります。今此處で詳々《くだくだ》しい說明を附して無理强ひに信仰をお奬めした所で、『時』と云ふ邪魔者のために冗論に了るであらうことを虞れて敢て沈默を守りますが、要するに心靈術の究極地點は結局神靈術の目的と同じゆうなるものでありますます。自己心靈を啓發した人は即ち神に感合したことになるので、唯考察の大小、內面發動的にみるか、外來憑依的にみるかの觀察の相違であつて其敎義に於て全々氷炭相容れざるものではありませぬ。催眠術と云ひ、禪定と呼び、ヨーガ法と稱し、鎭魂歸神と呼ぶも其根本原理に於てほゞ共通的な點を有し、四通八達の境涯にあるのであります。

述者も初めは催眠術萬能屋でありました。鎭魂や歸神の類は凡て催眠術の應用であるとし、憑靈現象の總ては人格の分裂、即ち潜在意識の作用であるとし又其筆法で立派に取扱つて行つたのでしたが、數々の憑靈現象に直面するに當つて次項でお話するやうな不合理な點に遭遇し、靈魂研究に入つたのであります。其結果此の人格轉換の如きも、催眠術の應用（術者の暗示又は自己暗示）によつて解決が出來るのも慥にあるし、又靈魂の憑依（患者自身の靈魂が芝居をうつことあり）によるものであることを知つたのであります。此八宗兼學式でやり出してから、治療でも誘導でも百發百中的にスラ〳〵と運ぶやうになつたのであります。（靈魂の本質に關する學術的說明は他日述者の閑暇をまつて別に一書を編んで詳述しませう。）

（三）神靈及靈魂の存在

神靈及靈魂の奇《くし》びなる實驗談を記した文獻は數々ありますが、それ等の諸現象は述者の直接實驗ではありませぬから暫らく扨ておいて、左に述者と關係を有する事實の二三を極《ご》要點だけ搔摘《かいつま》んでお話申上げませう。

1、靈魂の轉生は事實か

述者の叔父に松原謙二と云ふのがあり、元赤穗警察の署長などを勤めてゐたのでありますが、不圖腎臟病に犯され百方手を盡した効もなく、明治三十八年三十九歲を一期《いちご》として早折したのであります。三十九歲と云へば働き盛りのことでもあり、且又一男三女もあることなれば、其生に對する執着は大變なものであつたさうです。所が其死後三日目に述者の母の枕頭《まくらもと》に叔父が現はれて曰く『三年目には必ず汝《おまへ》の胎内に宿る』と呉々も遺言して其姿が消えたと見るや、パッと眼が醒め、氣持の悪い夢を見たものかなと全身汗でグッショリになつてゐたさうであります。所が奇怪千萬にも三年目の丁度忌日《めいにち》に述者が出生したのであります。此話は述者が年長ずると共に親戚の者達から度々聞かされた實話であります。果してこれをしも偶然の一致と云ふべきでありませうか。

2、憑靈治療

憑靈のために起つた疾病は、如何なる物的療法を施しても全治不可能であります。所が憑靈治療を施すと（憑靈治療に關する詳細は第三卷心靈治療法を參照）忽ち全快するのを見受けます。一例を擧げますと、一昨年本部の講習に出席した香川隆二郎君がそれで、他の講習生に比し顔色蒼白沈鬱で左手の不隨實に十三年間でありましたが、試みに憑靈治療の氣合をメーイとかけてみるとビックリして二三尺もポーンと飛び上がるので入念に憑靈治療法を施した所、遂に白狀したのであります。其云ふ所によれば大蛇の怨靈であつたのですが、脫靈後は性質一變、生れ變つたやうになり手も動き出したのであります。モ一ッお話すれば先年、東京道場での講習の際、杉本竹治君と云ふのに靈息を吹きかけると忽ち憑靈が飛出したので、席を改めて開口せしむると、同君の令妹の死靈なること判明、說法して脫靈せしめた所今迄ドウしても治らなかつた腰痛がケロリと治つたとて感謝せられました。此種の實例は未だ〳〵澤山ありますが何にせよ物的の治療法でも心理療法でも寸効なきものが、獨り憑靈治療を施した場合に限りケロリと癒るのですから、痛快此上もない治療であります。

3、法外の大力

此實驗は述者が未だ完全な憑靈治療法を會得しなかつた五六年も前の治療談でありますが、普通會員馬場英一君の依頼を受けて、其親戚の某婦人を治療したのであります。天狗憑きだと云ふので催眠術應用の我流の方法で色々問答した所、ドウしても脫靈せぬので暗示應用の不動金縛り法を施した所、迚も大變な權幕で立腹し、生意氣な小倅奴《こせがれめ》がとばかり突然述者の襟首とつて宙に吊しブン〳〵二三遍振廻してドサーンと投げつけられ、暫くは起き上ることも出來ずコソ〳〵と逃げて歸つたのであります。當時述者は柔道練習に熱中してゐたもので、相當天狗の鼻高々であつたのですが、眞正《ほんもの》の天狗にかゝつてはテンデ問題外でありました。如何に潜在觀念力が無際限だからとて、之は又餘りに桁が外れてゐます。殊に催眠術によつて人格變換の暗示を與へても決して靈動は起りませんが、憑靈の場合に限つて發現、脱靈共に靈動を大いに發します。

4、未知の人の訪問其他

本會の特別會員に猪狩仙舟君と云ふ熱心家がありますが、此人の入會の動機が面白い。從來本會のことなど全然《まるつきり》見聞して居らぬのにかゝわらず、その神懸りの際に、靈術の師として誰を選ぶべきかを尋ねた所『姬路に松原と云ふ者を尋ねよ、天下に此者より外に汝の師と仰ぐものなし』と御告げがあつたとて、早速姫路の新聞社に照會して逃者の住所を知り入會したのであります。而も猪狩君に懸られる神様と云ふのが逃者の守護神と同一系統の神様であるには全く恐縮した次第であります。其他フィリッピンの坂本仙次郎氏や、前東京道場主坂本晃堂氏など御神告によつて入會を決せられた士は尠くありませぬ。兎に角にも神界に於て此の取るにも足らぬ若輩を靈術の師範として御推擧下さること何共恐縮の至りであります。

右の他にも本會の實驗したものは夥しいもので、十五の少女が神懸りして遠隔治療をやり即座に腹膜炎を治し、小學生が神懸りの際に一流大家に比して遜色なき書畫をものしたり、逃者の前住居北條口の家は夜中に三日程續けて原因不明の震動が起つたかと見れば案の條四日目に泥棒に見舞はれた等々可成り多分に靈的現象には惠まれてゐます。又東京道場の坂本晃堂氏の家などでも一指も觸れないのに釜の中の米が自然に煮えてゐたり、屢々神告があつたり、以前は可成り靈的事實が續發したと云ふことでありますが、會員諸氏の實驗談まで探索した日には際限がありませぬから後日の機會に發表することゝします。

(四)靈界祕聞

一、神樣の階級

神靈學上宇源を總統し給ふ大神靈を天御中主大神《あめのみなかぬしのかみ》と呼びます。この大神は形數位の外に超然として一切根本の原動力となり、他の何物にも絕對に拘束されず、他の何物の力を以てしても其神律に變化を與ふることは不可能であります結局宇宙は其御神體であつて、現象は神位の表現に他ならないのであります。この大神靈統率の下に存在まします諸神は、大神より分許せられた靈能各自に備はり、分掌制度を以て宇宙の進化向上に參與し給ひつゝあるものでありますに隨つて其御神格には自ら大小があることで、更にその神靈に奉仕してゐる眷族《けんぞく》級の神様もあり、其又眷族の下には靈《みたま》と云ふのもあつて（主として天狗、靈狐龍神の類）一口に神とよんでも、これ等の總てを指して居ることであります、どの階級に屬する神であるか篤と考察することが大切であります。

2、神様の能力

神とさへ云へば全智全能なる如く考へ、誰かに神様でも懸れば忽ち三拜九拜して透視をお願ひする、病氣平癒開運出世をお願ひすると云つた有様で、汲々として神力を仰いで居りますが、何ぞ知らん前述の如く動物靈でも其修養の如何によつて神様として祭られてゐるのですから、其御神格も考へずして無暗矢鱈なことをお願ひしては、若し其神様に山氣《やまけ》でもあれば何でも彼でもヨシ〳〵と安請合《やすうけあひ》をせられ、それを信じてトンデもない買ひ被りをするやうなことにもなるのであります。斯言へば甚だ不遜なやうでありますが、神様に幾多の階級がある以上其能力にも自ら大小があるのは當然のことであります。故に先づ其能力をお伺ひして其方面のことを尋ねなければ駄目であります。たとへば文武の神様に病氣治療のことなどお願ひしても駄目なやうなものであります。それを強てお尋ねしたり、お答へなきの故を以て輕卒な批判を下したりするのは間違つたことであります。又時には『暫く待てよ、其方面擔任の神に尋ねてみてやらう』と云ふやうな有難い仰せがあつて、互に神樣同志が對話して居らるゝ模樣が神主によく聞えることすらあります。

3、正神と邪神の別

更に斯道研究者が是非心得てをかねばならぬことは、靈界を大別して（靈界と一概に云つても更に幽界、靈界、神界等の區別あり）正神界と妖魅界即ち正神と邪神のあることを忘れてはなりませぬ。旣に宇宙に天地、陰陽、晝夜、表裏、善惡の別ある以上、靈界に正邪二道あることを說いたとて、敢て怪む程のことではありませぬ。本田親德翁の御遺敎によれば正神界、妖魅界共に各百八十一の階級があり、正邪尊卑の別は嚴に制定されてゐると申されます。然して正神に感合すれば其神靈の恩寵に浴することが出來、たとへば福を有する神に感合すれば金錢に惠まれ、德を有する神に感合すれば名譽を受くるに至ります世の富貴榮達の士、或は大發明者等は、たとへ本人は自覺してゐなく共正神の御守護を受けてゐることが尠くありませぬ。斯云へば自己の慾望達成の手段として神人感合法を修し、一度通神の後は一切を擧げて神示に委ねやうなどと云ふやうな横着者には、決して神樣は懸られるものでなく、よし懸られるとも夫は邪神であることと保證しておきます。正心は正神を呼び、邪心は邪神に通ずると云ふことは神傳靈學の鐵則であります。一度び邪神と感合するに到れば、ヨシ透視治病豫言等の神通現象に多少の腕を振ふことが出來ても、自己の病が治らず自分に振りかゝる災難がわからず、己れは常に窮乏のドン底に沈んで圓滿に世に容れられず、一朝に能力を得て一朝に失ひ、言語行動常規を逸し、家內に病人不幸が絶えず、殊に其低級なものにあつては其人の體を病にするの他何事もなさぬものさへあります。こんな場合には一日も早く靈能家の治療を受けねば一生不幸の域を脱することが出來ぬものであります。

4、稲荷降しやお大師樣の正體

俗間に非常な勢を以て流行しつゝある稲荷《いなり》下《おろ》しや御《お》大師《だいし》樣《さま》や扨ては巫子《いちご》口寄《くちよ》せの類を見まするに、其多くは邪靈と交通《ごりひき》しつゝあることが覗はれます。ですから少し技術のある審神者にかゝると忽ち馬脚をあらはしてシドロモドロであります。殊に最近新聞紙上に屢々見受ける如く、患者の家の事情を密に調査してをいて豫言の如く裝ふとか、世故《せこ》に長《たけ》た辯舌を弄して無智の患者を欺きマンマと神樣をダシに使つたとか、隣室に於げる患者同志の愚痴話を密に聞いてをいて御神告を裝ふとか、云つたやうな喰はんがための神告屋が尠くないのであります。否尠くない所ではない其過半數は此僞物であります。彼等の惡辣な手段にかゝり乍らも尚之を知らず喜んで財物を差上ぐる人が如何に多いか、それは想像以上であります。之は全く世人に靈に對する智識と云ふものが無いことに起因するので、此處につけ込んで怪げな神樣が出頭沒頭し、僞靈媒が出現することは洋の東西に變りなく、眞に遺憾千萬な次第であります。斯申しても決して是等の全部が僞物であると云ふのではありませぬから誤解せられぬやう願つてをきます。然し又中には術者當人を初め信者達も一角《ひとかど》眞面目《まじめ》腐つてやつてゐる心算でも、元來が精神統一や鎭魂と云ふやうな土臺の上に立つたものでなく、迷信熱狂の極、正心の立場を失つて憑靈現象を現出したものでありますから、多くは低級なる邪靈の憑依であるか、或は自己の妄想が顯はれ夫が神靈の如く見えて、自分で誤つた神託《おつげ》を作つて流布してゐるのでありますから、的中することもありせぬこともあり、病氣が癒ることもあり又癒らぬことも多く、ウッカリそんな御神託を眞《ま》にうけて熱中しやうものなら、時には一山的《あて》て成金にもなりませうが、まかり違へば家も田地も賣拂ふて首を吊つても尙おさまりがつかなくなつて失ふのであります。

5、邪靈の演ずる芝居

よく彼處《あそこ》の行者さんには伏見の稲荷樣が憑られたとか、此方《こちら》のお婆さんには國常立尊《くにとこたちのみこと》がお憑りになつたなどと云ひますが、正式の歸神の席でない限りさう高級の神々が安つぽくお憑りにはならぬものと思つてよろしい。歸神法の際に神主に御神名を伺ふと『天御中主大神だ』とか『天照皇大神』などと後先《あとさき》の考へもない恐れ多いことを云ふものがあります。之等は定《きま》つて極めて低級な靈であります。若し高級の御神名を名乗れば先づ主神か眷族かの別を問ひ、漸次神の系統來歴を糺してゆけば遂にシドロモドロになつて『實は何處其處《どこそこ》の狐だヨ』などと白狀するものであります。眞僞をも糺さずして直にも高級の神樣として敬へば益々輪に輪をかけて法螺を吹きまくるものでありますから、前記の如くよく〳〵問ひ糺して眞僞を鑑別し、或は能力をお伺ひして夫を試みるなど愼重なる態度を持することを忘れてはなりませぬ。大體に於て世の立替へ立直しが始まるだの、世界は全滅して地上に天國が實現するだのと大きな法螺を吹くのは妖魅界の靈の仕事と思つてよろしい。そんな豫言の當つた例《ためし》はありませぬ、又事件のすんだあとから豫言を裝ふのも邪靈の特徵であります。

6、精神異狀者となる理由

神人感合法（歸神法とも云ふ）や交靈法（吾人凡愚の輩が最初から高級の神靈の降下を願つても夫は到底不可能なことで、人には人靈や動物靈などの生靈死靈の憑依と云ふこともあるので、先づ之等の憑靈を除くために歸神法の略式である交靈法と云ふのが生れたのである、詳細は第三卷を見よ）を熱烈に修行した人の中には言語行動に變調を來し一種の精神病者と見られてゐる氣の毒な人がありますが、之を以て直に神傳靈術は危險だと云ふのは餘りに早計で、思ふに之等心身異狀者は其修法よろしからぬため邪惡の靈の侵入を受けて居るのであります。（心靈術の方では此點聊かの危險もないが歸神交靈法では自重してかゝらねば免れぬ）或る一派の先生の指導を受けた人々を見るに、悉く精神異狀者（と迄はいかずとも兎も角變態的人物に）となりつゝあるを見受けますが、研究者はよく〳〵指導者を吟味することを怠つてはなりませぬ。正邪の別も辨ぜずして迷信的に熱狂し修行するのは眞に危險なことでありまして、其精神の間隙に乘じて邪靈の侵入することは恰も空家《あきや》に泥棒が這入るのと等しく、一度泥棒が住み込めば凡ての生活樣式が變つてくること論ずる迄もありませぬ。ですから本會に於ても餘りに迷信的氣分の濃厚な人や（靈能の開發は先ず理解に發す）精神力の薄弱な人には、適當の理解が出來るまで、靈的修養法によつて大いに自己心靈の陶冶に努力して貰つてからでなければ輕々に着手して頂かぬ事として居るのであります。

7、行者の心得べきこと

以上數項に亘つて正邪の別を力說しましたが、諸君の中には少々恐怖の念がキザした人があることゝ存じます。然し着手するに先立つて怖氣《おじけ》づゐたりすることは最も禁物です。前數項の所說は要するに諸君が餘りに輕々に着手せられて失態を演ぜられてはならぬからとの老婆心から書竝べたまでの事で、實際に着手すれば案外容易なものであります。勿論少々の日數を要するが根氣と信念とがあれば必ず何時かは神人感合の妙境にも達するのであります。決して怖氣づかずに（邪靈などが近よるに於ては述者が脫靈《おと》して進ぜる）大勇猛心を以て着手して頂きたいのであります。たゞ〳〵諸君に望む所は、まづ以て本書第一編の洗心修靈法に相當通達した後か乃至は鎭魂が利くやうになつてから一氣に修行して頂きたいのであります。突然《いきなり》神人感合法などに着手し、何時迄も浮草のやうにフラ〳〵と迷ひ廻つて變な所に落つかれるやうなことのないやうに御注意願ひたいのであります。

（五）實習方式

一、神懸りの極意とする所

古典の傳ふる所にしたがへば天鈿女命《あめのうづめのみこと》が天の岩屋戸の前に於て神懸りされたのを以て歸神法の始めとしてゐます。其の之を行ふには清淨の地を卜して神籬磐境《ひもろぎいはさか》を起して其處で執行するか或は立派な神殿を建て其拜殿で行ふべきもので、且又中々六ヶ敷い行事があるのであります。然し元來祭祀の法に顯齋、幽齋の二つがあつて、神人感合法は即ち幽齋の法なのであります。顯齋の法と云ふのは普通の神殿宮社に於て祝祠供饌のもとに神祇を祭るのを云ふのでありまして、幽齋の法とは靈を以て靈に對する最も至貴至尊なものとされて居ます。隨つて七雜《しちむつ》かしい形式などは却て迷信的な不要なことで、清淨無垢な心身を以て着手することが第一とされて居ります。何しろ靈を以て直接靈に對するのでありますから、方《まさ》に之れ祭祀の薀奥で、最も尊厳なる霊術であります。故に修行者たるものは須く妄執我慾を拂つて、何れの場合でも口漱《うがひ》と洗手《てうず》だけは必ず勵行し、衣服なども上物は不要ですが清潔《さつぱり》としたものを着し袴を穿くことが必要であります。

2、自感法

神人感合法に自感、他感、神感の三法があります。その中で自感法と云ふのは自分一人で神主（神霊の憑る人、即ち霊媒）と審神者《さには》の二役をかねるのでありますから最も至難であります。先づ洗心修霊法乃至鎮魂法によつて自己心霊力の充實を行つて後着手して頂きたいのであります。何しろ自己の精神を無能ならしめねば神霊の降下せらるゝ筈なく、さりとて自己の伺はんとすることを忘れては用をなさないのでありますから、充分霊的修養を積んだ後でないと、往々にして自己の妄想が神霊の出現の如く見え、修養の足らぬものは夫が自己の妄想たることを忘れて全くの神靈の出現なりと信じて誤解するのであります。そんなことでは遂に一生涯眞正なる神人感合の境に相遇せずして了るのであります。

歸神自感法

さて自感法を行ふには最も靜肅なる床前に正坐し、鎭魂の場合と同一の印を結び腹式の呼吸を行ひ乍ら（我が靈魂は天御中主大神のもとに到る）と念想を一心に凝しながら一呼一吸毎に我が身が上昇しつゝある如き觀念に住するのであります。境の進むにつれて靈魂の上昇するを自覺し、或は手が印を組んだまゝ靈動し、（愈々靈が憑つた際には脊中から尻へかけてズーンと棒が這入つたやうな氣がしたり、身體が硬直したり口が硬くなつたりすることが多い）軈て神靈憑依して、靈言、靈視、自動書記、胸浮び等何等かの形式によつて希望の事柄を明示し、或は警告を發し、神界の敎示をなす等人智の想像し得ぬことを御垂示せらるゝものであります。

3、他感法

他感法を行ふには神主と審神者を要します。神主は東面して座し、審神者は神主の前方三四尺の所に座を占めるのであります。神主となる人は成可く心身の圓滿に發達した無邪氣の人がよろしく、審神者は心靈術なり鎭魂のきく人で且つ神界のことに精通せる人が必要であります。さて神主も審神者も共に鎭魂と同樣の印を結び腹式の深呼吸を行つて精神を統一します。次に審神者は宇宙の根本大靈たる天御中主大神及び其能造能動の作用神たる高皇産靈神《たかみむすびのかみ》、神産皇《かみむすびの》靈神《かみ》とを念じ、神主にも天御中主大神を念ぜしむるのであります。次に審神者はドッシリと落着た聲で一二三四五六七八九十《ひとふたみよいつむゆなゝやこゝのたりや》と十回繰返して朗々と讀み上げ乍ら屢々頭を下げて三神を拜し、石笛《いはぶえ》をピー〳〵と吹き（石笛とは天然石に自然の穴の開いてゐるもので吹けばピー〳〵と單調な音を發する。此音が招神に非常に有効である。述者は旅行先などでは口笛を以て代用としてゐる）若し其間時間に餘裕が生ずればウーム〳〵と唸傳法（第三卷靈氣放射法參照）を神主の命宮《みけん》に施す。すると早きは五六分、遲きは一時間内外（但し二三日ぐらゐでは降神狀態にならぬこともあり相當長期に渉つて行ふを要する場合もある）にして次第に胸先に結印せる手に靈動を發し、靈動はやがて全身に及び、或は口をモガ〳〵させたり、變な聲を出したりしますから、靈動の靜まるのを待つて『御降りになつたは何誰樣《どなた》でありますか』と尋ねるのであります。此時餘りに敬ひ過ぎて『お降りになりました神樣は何神樣に在らせられますや』などと聞けば、たとへ低級な憑靈でも『フシミイナリー』だの『クニトコタチノミコート』などと駄法螺を吹くものであつて、さうかと云つて『お前は何處の狐だ』などと聞けば『無禮者ッ俺を何と心得居るかッ下れ下れッ』なんて叱り飛ばされまいものでもありませぬ。兎に角暗示めいた言葉は使用せぬがよろしい。そしていよ〳〵名乘りを憺めたならば、それ〳〵適宜のことをお伺ひして御神示を仰ぎ（神樣の方から神界の經綸について滔々とお話せらるゝこともある）、萬一、邪靈の憑依と認めた場合には直に脫退せしめ（第三卷交靈治療に詳し）、神樣の能力如何によつては書畵の揮毫や治病、念寫透視等の實驗をお願ひするもよろしい。そして神人對話がすめば厚く御禮を申上げ『それでは今日は之でお引取下さいませ』と恭々しく低頭し丁々と拍手二回して了るのであります。するとパッと眼を開いて元に復するものあり、或は再び震動を發してウーンと倒れてしまふ人もあります。若し神主がウーンと倒れた場合には胸腹部から足

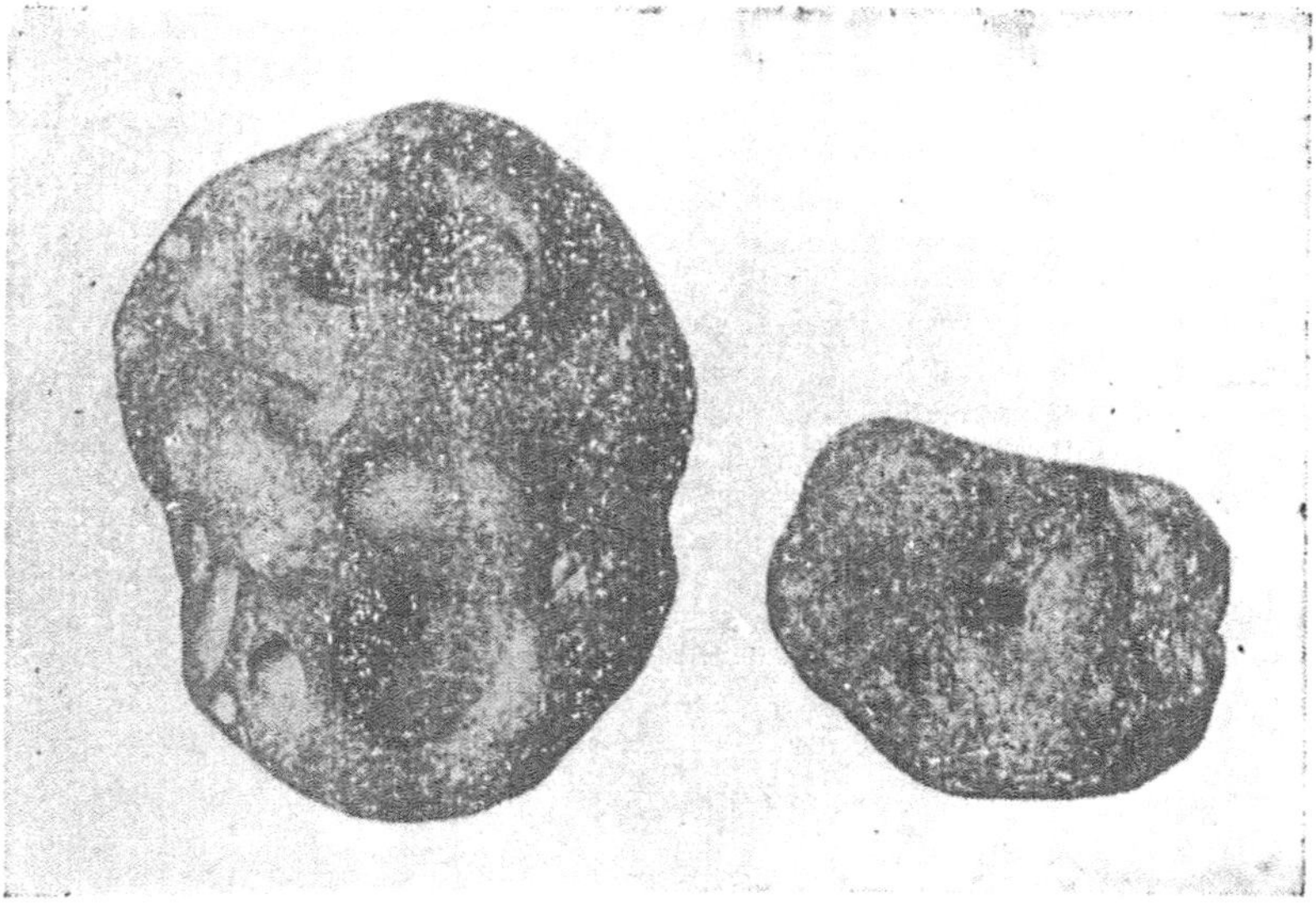

述者秘藏の髑髏形石笛（左）

部へかけて二三回撫擦し額を手で押へてメーイと一喝すれば元に復しますから其時『さあ心身共スッキリして元氣が自ら出てくる』と暗示すればよいのであります。

4、神　感　法

之は神様の必要に應じて突然と何人かに憑られて豫言警告せらるゝものであつて、望んで得らるゝ譯のものではありませぬ。

5、神人感合法の目的

さて斯如く吾人が微力乍らも神人

感合の術を宣するの所以は、決して神々の御恩寵に墮せんとするものではありませぬ。世上一部の有神論者が看板とする如く、神力を仰いで治病をなし願望を成就し、或は相場の高低豫言や金鑛脈の發見と云ふ如き一攫千金的な夢を見るものでなく、さりとてアヤフヤな神告豫言を亂發し世の立替立直しを叫んで愚夫愚婦のヘソクリを捲き上げんとするものでは尙更ありませぬ。現代の世相を目睹する時、一般大衆は甲も乙も丙も丁も無神無靈魂主義の奴隷となつて思想は混亂に混亂を重ね、神々の尊き御意志の働きたる自然を輕視して心身共に懊惱の極に達しつゝある現代社會の人々を洗心修靈によつて光明の彼岸に到達せしめんとする、これ吾人の念願とする所であります。旁々現代物質療法にて絕對不可能とする靈的原因による諸病を癒し正しく仰ぐべき所には神力を請ひ奉らんとするものであります。諸君此微意を諒として我等と共に益々自重研究せられんことを。

第三章　洗心行者靈盟誡

一

私どもは宇宙萬有の大總統本源として、天地萬物の大祖神として天御中主大《あめのみなかぬしのおほ》神《かみ》様を信奉致します。神典古事記には、天地初發《あめつちはじめ》之《の》時《とき》、於㆓高天原㆒成神名《たかあまはらになりませるかみのみなは》、天御中主神《あめのみなかぬしのかみ》と明記してありまするが、實に天地の初めよりして在しませる神様で、一切の根本原動力となり、その奇《く》しびなる御靈德に至りては、全智全能とか、完全圓滿と申す言葉を以てしても形容の出來ない人類萬有の根本中心であらせられます。

二

高皇産靈神《たかみむすひのかみ》、神皇産靈神《かむみむすひのかみ》の二柱の神様は天御中主大神と共に三位一體にて造化の三神と稱へ奉ります。造化の三神とは其實天御中主大神御一神の表裏の御煥發であらせられて其發展は（生靈《いくむすび》、足靈《たるむすび》、玉留魂《たまつめむすび》）によりて高皇產靈神樣に働いては陽性、能動性、順流性の御神力となり、神皇產靈神樣に働いては陰性、所動性、逆流性の御神力となり、この二柱の神の御活働が產靈ノ神と稱へられ、その產靈によりて八百諸神樣《やをよろづのかみさま》が顯現なさいましたのであります。これを人間にたとへて申すなら、我々お互ひはその根本靈性（直靈《なほひ》）の上より見る時は宇宙の大元靈に在しまする天御中主大神樣の靈統上の子孫であり、お互ひが肉體や精神を備へて現世に生れ出でたるは高皇產靈神樣にあたる父と、神皇產靈神樣にあたる母との產靈の力によつて生れてきたのでありますから、出來た子供を『ムスコ』『ムスメ』と呼び、產靈の言葉を表現してゐるのであります
この場合靈統上の大祖は天御中主大神にして、その分々々派が父母で、父母の分派が我々でありますから、我々は我々の祖先を通してそのまゝ天御中主大神に連繫《れんけい》してゐるのであります。故に我々は天御中主大神の分靈《わけみたま》であります。

三

天御中主大神様の極徳を繼承發顯せられあるは即ち天照大御神様《あまてらすおほみかみ》でありますこの神様は御皇室の宗祖であらせられ顯幽兩界の主宰神として人格的に儼存し給ふ神様であることを信奉致します。

四

天照大御神様の地上に於ける最高の御表現が萬世一系の大日本天皇陛下にあらせられます。故に私どもは天皇陛下を現人神《あらひとがみ》として日夜尊崇するものであります。從つて全地上人類の歸趨の中心も此の大君であり、現人神天皇の御稜威《みいづ》を世界的に光被宣揚せらるゝことを確信するものであります。それには先づ私共お互ひが皇國の民たる大自覺大信念を振起確立し、各自の天分と責務の貫徹に邁進せねばなりませぬ。苟くも外國の悪風に染みたる人々の言動に迷はさるゝが如きことなく、又日本人でありながら日本神典を深く信じない知らない學者博士達の文獻に迷はさるゝことなく、體驗によりて神典の神髄を靈察し、洗《み》心《そぎ》によりて祖神の神示を知らねばなりませぬ。

五

神典に記されてある諸々の神様は決して單なる空想的記録ではありませぬ。天神《あまつかみ》の命以《みこと》て何れも儼として實在し給ふ神々様であります。その御神相や御神力には種々なる相違がありましても、各分派分靈に在しますから還元すれば天御中主大神一神に歸し、發顯分泌活働して八百萬神《やをよろづのかみ》とならせらるゝのであつて一神にして多神、多神にして一神といふ處が日本特有の惟神《かむながら》の道であります。また神典に現はれて居らぬ神様だからとて、直に非實在なりと思ひこみ不敬にわたるが如き所爲あつてはなりませぬ。たとへば私共の出生地や現住地の產土神様の如き、其の土地に功績ありし人の英靈を、生前のまゝの名靈《なのたま》で祭祀して居る所がありますが、斯如き場合、勿論神典に何等記されて居りませぬが、是等先人の英靈は神となり日夜絶大なる御恩德を私共の上に垂れ給ひつゝあることを夢々忘れてはなりませぬ。私どもはこの先人の足跡を敬慕し感謝しつゝ自己を高めなければなりませぬ。

六

私どもは罪の子でも凡夫でもなく、天御中主大神様の分靈であります。我れ神の子である以上、その祖神に在す『祖國の神』を信奉し、祖神の心を心とし祖神の行ひを行ひとして神習ひに神習ふてゆくべきこと、我等子孫たるものゝ本務であります。嘗つては應神天皇の御宇に儒敎が傳來し、欽明天皇の御代には佛敎渡來し、今日まで色々な外敎が這入つて參りましたが、これらの外來宗敎は謂はゞ妻であり親友であります。妻も親友も良ろしきものには違ひありますまいが、そのために自己の生れ來りし親や祖先を忘れることは誤りです。日本國民は須らく各自所屬宗敎の異同を超越して、先づ祖國の神を正しく認識し信奉致さねばなりませぬ。私どもが遠きたらちねの母の懷ろに歸りたる時にこそ神ながらなる眞の日本精神は各自の上に燦として輝きわたるのであります。

七

俗惡の世間や自利肉體自我の執着心の强い現實の社會には到底惟神の道が現實化されて道德的國家の建設は思ひもよらぬと思つてゐる人々もありますが、その人々は未だ其實現法について眞劔に考へたことのない人であります。一度祓、禊、鎭魂の行事に入り退轉の心が起らなければ理想の實現は一歩より一歩へと着々と顯現して、日本人獨特の大精神により不完全とは知りながらも漸次完全圓滿の境にすゝみヨリ淸き正しき國家が建設せられてゆくのであります。眞に日本人として自覺した人は如何なる人にも奧の奧の奧から流れて來る萬有共通の純粹精神（直靈）によつて統一されてゆくのであります。

八

「心だに誠の道にかなひなば祈らずとても神や守らん」

實に結構な御教へではありまするが、誠の道にかなふ心の所有者は達人のことでありまして、私共ではなか〳〵覺束ないものであります。私どもは先づ祈りに祈り、實行に實行を重ねて漸次誠の道に觸れてゆかねばなりませんのです小人が自ら俺くらゐ誠心誠意のものはないぞと、獨りぎめにきめて神の御守護の少さを嘆ずるなどは、それこそ誠の道から相隔ること千萬里であります。神は篤信の者には大なる御利益をも垂れ給ひますけれども、果すべき處をも果さずしての盲目的祈願には何等の應現も與へられませぬ。一切の理屈を拔いて、報酬や應報などをアテにせず、心身の及ぶ限りをつくして各人の本分を果し、所謂人事を盡して天命を俟つ心掛けの人には必ず偉大なる天佑もあるのです。

〃信仰は實行なり〃　〃心だに誠の道にかなふとも實行せずば御利益ぞなし〃

實行に勝る信仰のなきことを忘れてはなりませぬ。

九

病氣や不幸や天災地變などに遭遇し『こんなことで神や佛があるものか』などと暴言を吐く人がありますが、小人の俗智を以てしては神樣の御深慮など伺ひ知るべきもないのであります。疾病が其人を淸め深めるためであつたり、不幸や失敗がヨリ善き成功への前提であつたり、相踵ぐ災禍が實は神の警告であり、祓淸めであるなど、靈眼を以て靜かに拜察するならば、その測り知れざる御神慮の有難さに感泣させられることがあります。小人此理を知らずして徒らに神を誹謗し、己れの不幸を嘆じ、終に甦生の道を知らず、達人は取つて以て魂《たま》淸めの糧となし、常に向上への鞭韃なりと觀じて、神々の正しき指導と援護のもとに彌榮ゆるのであります。遠きを眺めんとするものは高きに憑るべし、自己の靈格を向上し、自己を神たらしめてこそ、神々樣の御意志の一端にも觸れることが能きるのであります。

小さな我情我見に捉はれて、他人の正しき信仰や修行を妨げるが如きことは私どもの最も愼むべき所であります。（正しからざるものは燒鎌の利鎌以て斷平打拂ふべし）事物の觀方《みかた》といふものは色々あるもので、たとへば一つの演劇を描寫するにしても、その主要人物を何處に置くかといふことによつて、同じ演劇であるにもかゝはらず、その描寫は大いに異るのであります。同じ軍事劇でも其の將軍に觀點を置いたのと、一兵卒に主眼を置いたのとでは大いに異るのであります。同一眞理を說きながらも、その組織方法によつて黑白の相違を來すこともあり、昨日まで互に睨み合つてゐた敎說が、高所に立つて大觀すれば實は同一眞理の開合の變であることが直にわかるのであります。神道でなきが故に、用語が異るから、といふやうな理由のもとに他の悉くを排斥するが如きは自ら見聞の狹きことを表明するやうなものであります。異說は以て自己向上の糧《かて》とするだけの雅量が必要です。モウ一歩進んで忌憚なく言へば、世界のあらゆる學說や教典は、日本神典の眞髓の一部を闡明するための代辯者であるのです。あらゆる科學、あらゆる宗教、あらゆる思想が、洗練に洗練を重ねて進めば進むほど、神典の無限無盡の價値が輝き出してくるのです。過去一切の實蹟が此間の消息を最も雄辯に證明して居ります。世界のあらゆる思想、學說宗教が結局日本神典に歸一すること、恰も八百萬神が約《つゞ》むれば天御中主大神御一神に歸一するに似て面白く、實にこれ神ながらなる神定めであります。

霊能開発法

平成十四年七月十二日　復刻版初刷発行
令和　五　年一月十八日　復刻版第三刷発行

著　者　松原皎月

発行所　八幡書店
東京都品川区平塚二―一―十六
KKビル五階
電話　〇三（三七八五）〇八八一
振替　〇〇一八〇―一―四七二七六三

ISBN978-4-89350-576-7 C0014 ¥3200E